Silke Schmidt

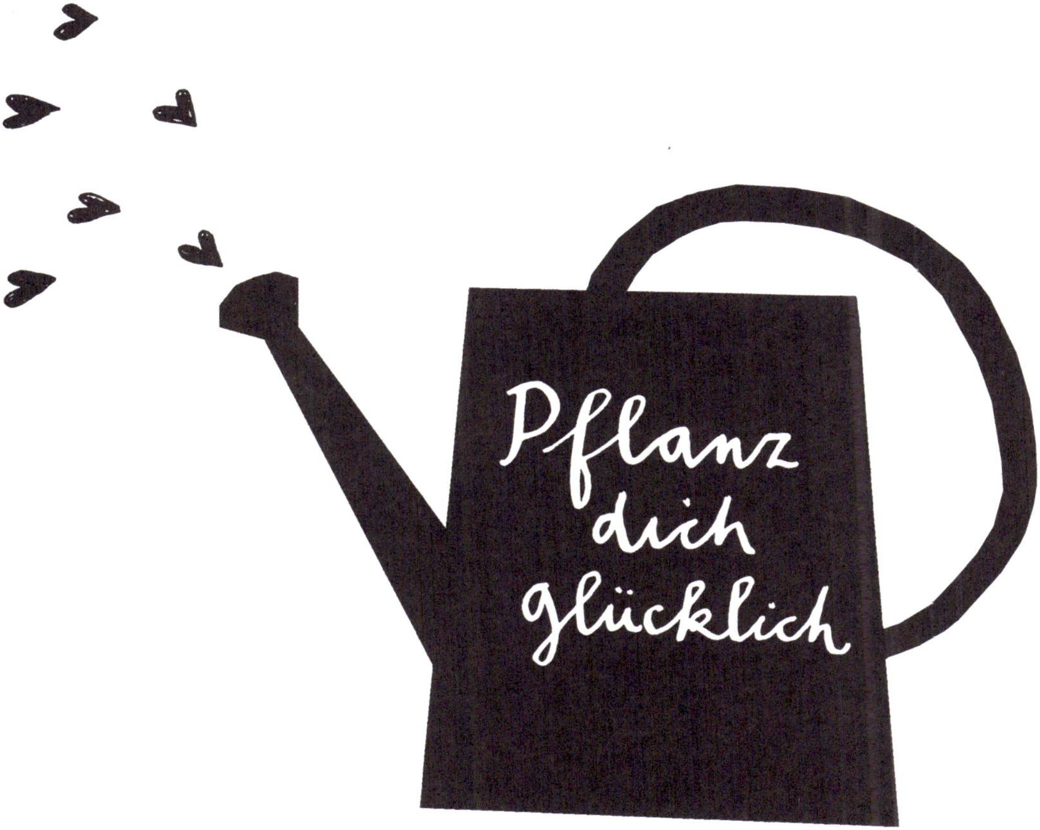
Pflanz
dich
glücklich

Dieses Buch gehört

JULIA

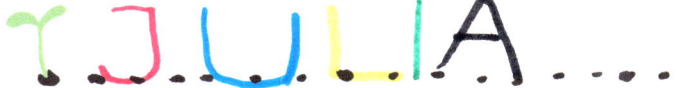

INHALT

Aller Anfang ist ... klein

So bastelst du einen „Kindergarten"
für Blumen und Gemüse.

Schon ab Februar kannst du aus Samen Pflanzen auf der Fensterbank „vorziehen". Das bedeutet, dass die Pflänzchen geschützt im Warmen aufwachsen, bis sie nach draußen umziehen. Meistens ist dies ab Mitte Mai der Fall. Unterirdisch haben sie dann schon eine Wurzel gebildet, oberirdisch wächst die Pflanze. Am wohlsten fühlen sie sich in einem kleinen Gewächshaus, das du ganz einfach für sie bauen kannst.

Für ein Mini-Gewächshaus brauchst du:

- 1 Blumentopf (Durchmesser ca. 10 cm) mit Untersetzer
- 1 leere PET-Flasche (ca. 1,5 l)
- Nagelschere oder kleines, scharfes Messer
- Schere
- Anzuchterde
- kleine Schaufel oder großen Löffel
- Samen

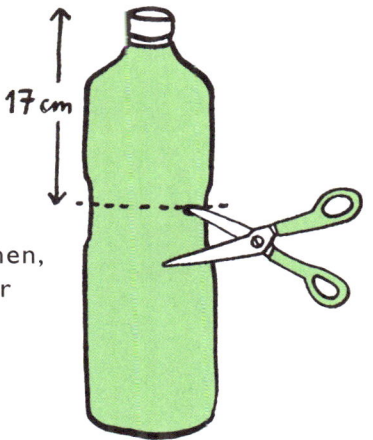

ca 17 cm

1. Entferne das Etikett von der Flasche
(evtl. musst du die Flasche in Wasser einweichen,
bis sich das Etikett ablösen lässt). Stich mit der
Nagelschere oder dem Messer ein Loch in die
Flasche. Schneide dann den unteren Teil der
Flasche rundherum ab. ①

③
Samen

① Erde

2. Fülle den Blumentopf mit der Erde.
Drücke die Erde leicht an und befeuchte sie
mit Wasser. Stecke ein oder mehrere
Samenkörner in die Erde, etwa so tief,
wie die Samen groß sind.

② Wasser

Die Sonne erwärmt die Erde,
Warme Luft steigt auf, kann aber
nicht so schnell entweichen.

3. Schraube den Deckel von der Flasche
ab und stecke die Flasche in die Erde.

Beschrifte dein Gewächshaus, damit du dich später daran erinnerst, was du gesät hast und wann.

Die blitzschnelle Variante: Beschrifte die Flasche mit einem Edding.

Stemple Namen und Datum auf ein Stoffband und knote es um den Flaschenhals. Beklebe den Flaschenhals mit Maskingtape.

Beschrifte ein Papieretikett und knote es mit einem Faden am Flaschenhals fest.

Male den Topf mit Tafelfarbe an und schreibe Namen und Pflanzdatum mit Kreide darauf.

Der Standort deiner Mini-Gewächshäuser sollte hell und warm sein. Achte darauf, dass die Erde feucht bleibt, vor allem, wenn unter der Fensterbank eine Heizung ist. Im Wasser stehen sollten die Pflanzen jedoch nicht, denn dann können ihre Wurzeln faulen. Am besten, du benutzt zum Wässern eine Sprühflasche.

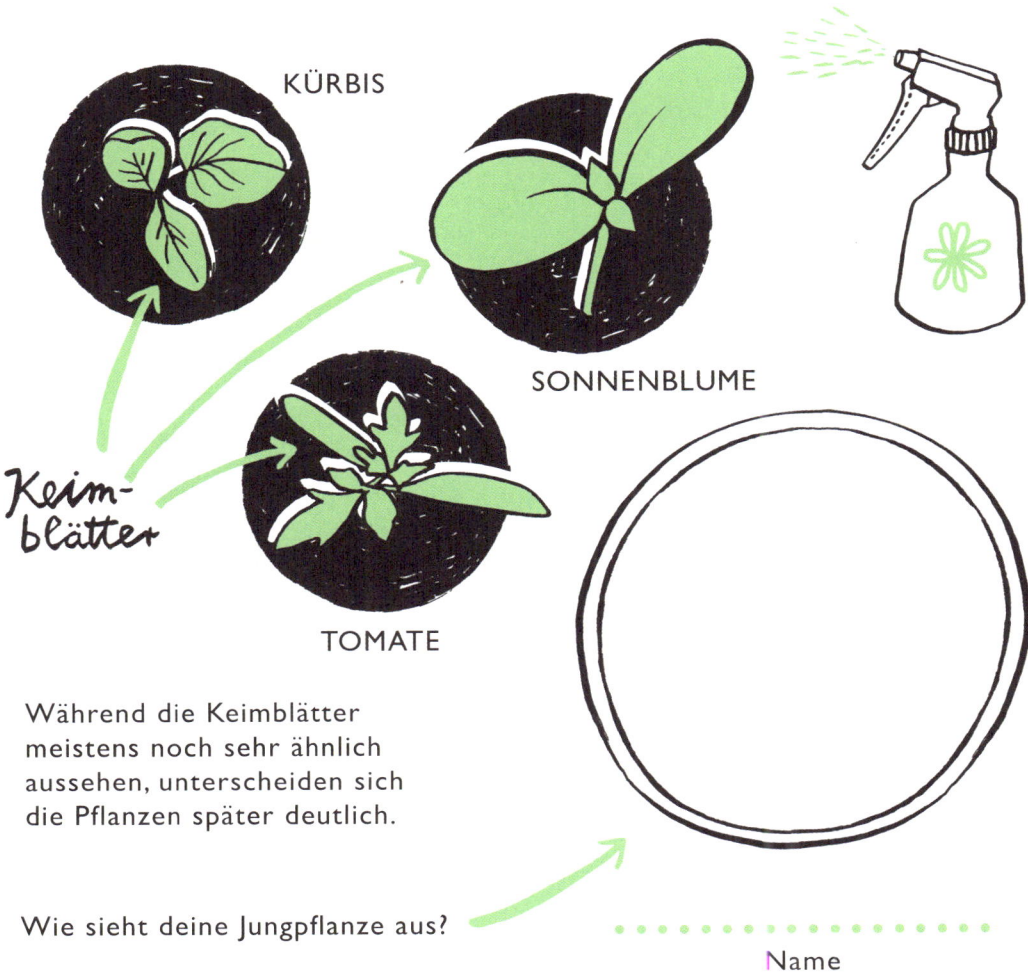

KÜRBIS

SONNENBLUME

Keim-
blätter

TOMATE

Während die Keimblätter meistens noch sehr ähnlich aussehen, unterscheiden sich die Pflanzen später deutlich.

Wie sieht deine Jungpflanze aus?

Name

9

Pflück dir deinen Blümchen-schmuck!

Gänseblümchen wachsen fast auf jeder Wiese und blühen in milden Wintern das ganze Jahr über. Eine Gänseblümchen-kette sieht hübsch aus und ist schnell gemacht.

Und so geht's:

1. Pflücke ein Gänseblümchen mit eher dickem Stängel.

2. Mache mit dem Fingernagel ein Loch in den Stängel.

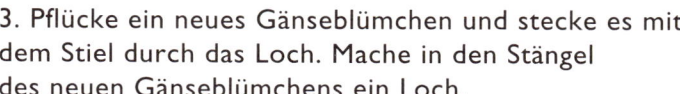

3. Pflücke ein neues Gänseblümchen und stecke es mit dem Stiel durch das Loch. Mache in den Stängel des neuen Gänseblümchens ein Loch.

4. Wiederhole diese Schritte, bis die Kette lang genug ist.

5. Forme die Kette zum Ring. Vergrößere das Loch des letzten Blümchens ein bisschen und stecke den Kopf des ersten Gänseblümchens hindurch.

Platz für ein Foto
von dir mit dem fertigen
Gänseblümchenkranz

Ja!!

Nö.

DAS GÄNSEBLÜMCHENORAKEL

Das Gänseblümchen weiß Antwort auf viele Fragen,
z. B. ob er dich liebt oder nicht oder ob du den Mathetest bestanden hast oder
nicht. Die Frage muss sich allerdings eindeutig mit „Ja" oder „Nein" beantworten
lassen. Um die Antwort auf die Frage zu erhalten, zupfst du nach und nach die
Blütenblätter aus, jedes Blütenblatt steht dabei abwechselnd für ein „Ja" und für
ein „Nein". Das letzte verbleibende Blütenblatt ist dann die Antwort.

DIE BOHNE IM SCHUHKARTON

Du brauchst:
- einen Schuhkarton
- Schere
- einen kleinen Blumentopf mit Untersetzer (Beides zusammen muss stehend in den Karton passen.)
- Garten- oder Blumenerde
- Samen einer Feuerbohne
- schwarze Acryl- oder Abtönfarbe
- Pinsel

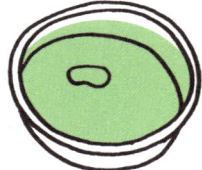

1. Lege den Feuerbohnensamen über Nacht in ein Glas Wasser zum Quellen. So kann er später leichter keimen.
2. Schneide ein Loch mit ca. 7 cm Durchmesser in den Schuhkarton
3. Streiche die Innenseite des Schuhkartons und des Deckels schwarz an.

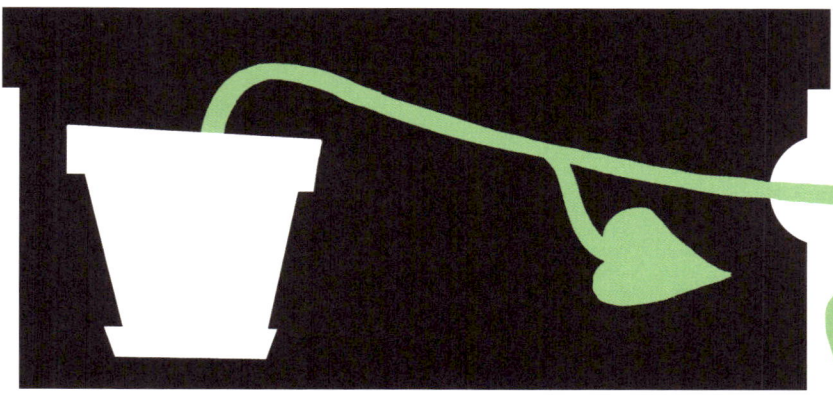

4. Bereite ein „Bett" für dein „Bohnenbaby"
vor: Fülle den Blumentopf mit Erde und
stelle den Untertopf darunter.

5. Drücke den Bohnensamen in
der Mitte des Topfes in die lockere
Erde, sodass er ca. 0,5 bis 1 cm mit
Erde bedeckt ist.

6. Stelle den Blumentopf in die Schuhkarton-
Ecke ohne Loch und schließe den Deckel.

Jetzt musst du warten. Du kannst natürlich jeden Tag kurz nachschauen,
was im Karton passiert. Nach einigen Wochen ist die Pflanze so groß,
dass du sie in einen größeren Topf oder in den Garten umsetzen kannst.
Sie benötigt dann eine Rankhilfe. Wenn du dich gut um sie kümmerst,
blüht sie im Sommer und es wachsen neue Bohnen, die du als
Gemüse, in einer Suppe oder gekocht als Salat essen kannst.

Pflanzen wachsen immer zum Licht – egal, von wo das Licht kommt.
Licht ist für sie zum Leben genauso wichtig wie Wasser.

Mein Bohnentagebuch

Die Keimung einer weiteren Bohne kannst du in einem Glas beobachten.
Dazu lässt du sie nicht in einem Blumentopf, sondern in einem Glas wachsen.
So kannst du miterleben, was normalerweise unterirdisch passiert.

Du brauchst:
- Samen einer Feuerbohne
- ein möglichst gerades Glas (z. B. von eingelegten Gurken)
- ein saugfähiges Haushaltstuch
- Watte oder alten Lappen zum Ausstopfen

Befeuchte das Tuch und stecke es in das Glas. Eventuell musst du es ein bisschen
kleiner schneiden.
Stecke den Bohnensamen zwischen Glas und Lappen.
Stopfe die Watte in das Glas, sodass der Lappen an den Rand gedrückt bleibt und
die Bohne nicht herunterrutschen kann.
Achte darauf, dass der Lappen feucht bleibt. Dazu kannst du jeden Tag ein kleines
bisschen Wasser daraufgeben.

BOHNEN-
TAGEBUCH

Die verschiedenen Stadien
kannst du in einem kleinen
Tagebuch festhalten.

Datum

HASEN FUTTER*

*auch für Menschen!

Du brauchst:
- 1 kleine Zwiebel
- 1 Knoblauchzehe
  (Wenn du Zwiebeln und
  Knoblauch nicht magst, kannst
  du beide Zutaten einfach weglassen.)
- eine Schüssel voll Löwenzahnblätter
- Saft einer halben Zitrone
- 2-3 EL Zucker (oder Honig)
- 1 Becher süße Sahne

Löwenzahnsalat

ist ein leckerer, erfrischender Frühjahrsalat, wenn man noch nicht
viel anderes im Garten ernten kann. Am besten sammelst du zarte
Löwenzahnblätter im Garten oder auf nicht gedüngten Wiesen,
abseits von viel befahrenen Straßen.

Wasche die Löwenzahnblätter und
entferne Sand und Erde. Lege die Blätter
dann eine Weile in lauwarmes Wasser
ein, damit der Löwenzahn seine Bitterkeit
ein wenig verliert.

Schneide die Zwiebel in feine Würfel, gib sie in die Salatschüssel und
streue ein wenig Salz darüber. Lasse die Zwiebeln mit dem Salz eine
Weile ziehen, so wird die Zwiebel milder. Schneide die Knoblauchzehe
fein und gib sie zur Zwiebel in die Schüssel. Füge den Zitronensaft, die
Sahne und etwa zwei Teelöffel Zucker oder Honig hinzu. Der Löwen-
zahn ist so herb, dass eine süße Soße gut dazupasst.

Kontrolliere jedes Blatt des Löwenzahns auf Ungeziefer oder Reste von
Erde und schneide die Blätter in feine Stücke.

Gib die Löwenzahnblätter in die Schüssel und vermische Salat und Soße
mit einem Salatbesteck oder zwei großen Löffeln.

Flower Prints

MIT PFLANZEN DRUCKEN

Du brauchst:
frisch gesammelte Blätter, Wasserfarbe, Pinsel, Papier, alte Zeitungen,
Teigrolle

Bepinsele die geäderte Seite der Blätter mit dick angerührter Wasserfarbe.
Lege die Blätter dann mit der bestrichenen Seite nach unten auf das Papier und
decke sie mit einem Stück Zeitung ab. Rolle vorsichtig mit einer Teigrolle
darüber. Nimm jetzt das Zeitungspapier weg und ziehe die Blätter vorsichtig
ab.

Bastele daraus Karten.

Bedrucke große Papierbögen, die du als Geschenkpapier verwenden kannst.

Idee **2**

Idee **3**

Schneide die Umrisse der Blätter aus, stich ein kleines Loch hinein und fädele eine dünne Schnur hindurch. Knote diese an einen kleinen Ast und hänge alles am Fenster auf.

Benutze Stofffarbe statt Wasserfarbe und bedrucke einen Kopfkissenbezug oder eine Tischdecke. Beachte die Anleitung auf der Verpackung der Farbe.

Idee **4**

Stempel aus dem Garten

Alle Ideen eignen sich prima, um
Karten zu bestempeln. Vorher solltest du aber
immer einen Probedruck auf altem Papier oder Zeitung machen.

Idee 1

Du brauchst:
Äpfel und Wasser- oder Acrylfarbe

Im Spätsommer liegen „Apfelstempel"
unter den Bäumen bereit. Wenn du selbst keinen
Apfelbaum hast, kannst du in der Nachbarschaft
nachfragen, ob du ein bisschen Fallobst, das noch
nicht matschig ist, mitnehmen darfst. Frische
Äpfel sind zum Stempeln viel zu
schade! Schneide den Apfel in
der Mitte durch, nimm einen
Pinsel und bestreiche den
Apfel mit Wasser- oder
Acrylfarbe. Drücke ihn
fest auf das
Papier.

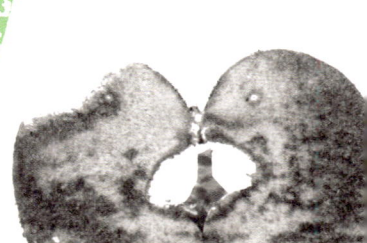

Idee 2

Du brauchst:
Salatkopf (am besten
eignen sich Salatherzen,
Chinakohl oder Chicorée)
und Stempelkissen

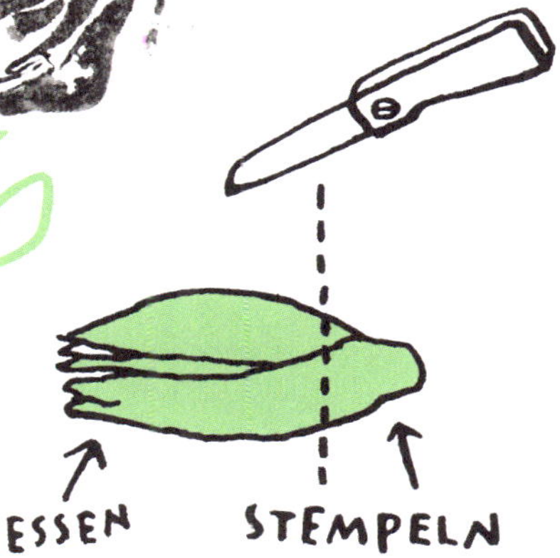

Schneide den Strunk mit einem
scharfen Messer sauber ab. Du brauchst
nur diesen zum Drucken, der restliche Salat kann
gegessen werden. Deine "Salatrosen" kannst du
mit einem Stiel und Blättern ergänzen.

ESSEN   STEMPELN

Idee 3

Du brauchst:
Mohnblumen und Stempelkissen

Im späten Frühjahr verlieren die Mohnblumen
ihre Blüten. Mit ihren Kapseln, die die Samen
enthalten, kannst du Muster stempeln.

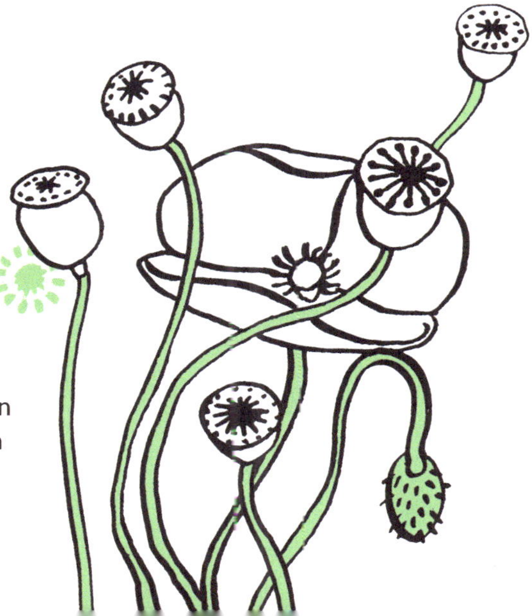

BIRDIE BAR
Eine Vogeltränke bauen

Vögel brauchen Wasserstellen, um zu trinken, um sich zu erfrischen und zu putzen. Wichtig ist, dass du die Vogeltränke immer sauber hältst.

Für eine Vogeltränke brauchst du:

- Tonblumentöpfe und -untersetzer
- Heißkleber
- Acryllack in verschiedenen Farben
- wasserfesten Klarlack
- Pinsel

FÜR KATZEN VERBOTEN

Jippie!

Modelle

(a) = +

(b) = +

(c) = +

1. Überlege, wie deine Vogeltränke aussehen soll und welche Töpfe du dafür brauchst.

2. Stülpe die Tontöpfe ineinander oder klebe sie mit Heißkleber zusammen.

3. Klebe den Tonuntersetzer darauf fest.

4. Streiche die Vogeltränke mit Acryllack an. Lass die Farbe gut durchtrocknen, am besten über Nacht.

5. Streiche ein oder zwei Schichten Klarlack darüber.

Platz für deinen Entwurf

ALLES kriecht & KRABBELT

Wenn es draußen regnet, ist die beste Zeit, um Schnecken zu finden.

Für kurze Zeit kannst du sie in einem selbst gebauten Mini-Terrarium beobachten.

Für ein Mini-Terrarium brauchst du:

- großes Einmachglas oder Plastikschale (z. B. von Tomaten oder Weintrauben)
- Frischhaltefolie
- Gummiband
- Erde und Blätter
- Schnecken

Sieh genau hin! Wie sieht ihr Häuschen aus? Wie ihre Fühler? Auf der folgenden Doppelseite hast du Platz, um deine Beobachtungen aufzuzeichnen. Benutze dazu am besten einen spitzen Bleistift.

DANKE

Vergiss nicht, uns später wieder auszusetzen,
denn im Garten fühlen wir uns am wohlsten!

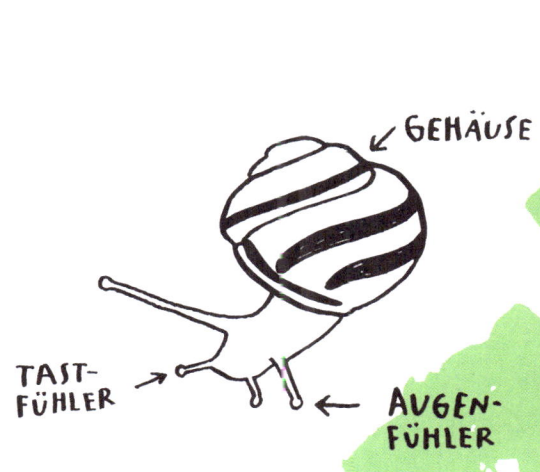

GEHÄUSE

TAST-
FÜHLER

AUGEN-
FÜHLER

DAS GROßE SONNENBLUMEN–
Wettwachsen

Du brauchst dazu:
- Sonnenblumensamen
- mindestens eine/n Spielpartner/in

Und so geht's:
Jede von euch pflanzt einen Sonnenblumensamen ein.
Für einen fairen Wettkampf sollte jede von euch Samen der gleichen
Herkunft verwenden und den Pflanzen die gleichen Wachsbedingungen geben,
also entweder beide draußen oder beide im Topf. Natürlich darf jede von euch
ihre Blumen düngen, gießen, oder ihnen einfach gut zureden.

Gewonnen hat, wessen Pflanze entweder
- zu einem festgelegten Datum größer ist
- ausgewachsen die größte Größe erreicht.

DANKE!

Wenn deine Sonnenblume
verblüht ist, kannst du die
gesamte Blüte mit allen
Samen (auch „Korb" oder
„Fruchtstand" genannt)
ernten und als Snack für
Vögel auf deine Fensterbank
legen oder an einen anderen
Ort, den du gut beobachten
kannst.

GRÖBER!
SCHNELLER!
HÖHER!

	Sonnenblume von:	Sonnenblume von:
Datum	Größe in cm	Größe in cm

Hier kannst du eintragen, wie eure Sonnenblumen wachsen.
An welchem Tag ist deine Sonnenblume genauso groß wie du?

Noch mehr Erdbeeren:
Erdbeershake auf S. 46
Erdbeerbowle auf S. 47
Erdbeermaske auf S. 83

AUS EINS MACH VIELE

Erdbeerpflanzen lassen sich ganz einfach durch Ableger vermehren.

Am besten, du markierst schon während der Erntezeit eine gut tragende Pflanze mit einem kleinen Stöckchen.
Wenn diese Pflanze Ableger bildet, wählst du den aus, der der Mutterpflanze am nächsten ist.

Hebe den Ableger vorsichtig aus der Erde und lege ihn beiseite. Grabe dort, wo der Ableger stand, einen kleinen Tontopf ein und fülle ihn bis zwei Zentimeter unter den Rand mit Erde aus dem Beet.

Setze jetzt den Erdbeerableger in den Topf und drücke ihn in die Erde. Gieße den Ableger im Topf gut und achte darauf, dass die Erde nicht austrocknet.

Wenn der Ableger im Spätsommer neue Wurzeln gebildet hat, kannst du ihn von der Mutterpflanze lösen und in ein neues Beet pflanzen oder verschenken.

Aus botanischer Sicht gehören wir nicht zu den Beeren, sondern zu den Nüssen.

Wir sind sehr gesund und haben mehr Vitamin C als Zitronen und Orangen.

Nach dem Pflücken sollte man uns schnell essen, weil wir auch im Kühlschrank maximal zwei Tage frisch bleiben.

Sommer im Glas

ERDBEERMARMELADE KOCHEN

Du brauchst:
- 1 kg Erdbeeren
- Saft einer halben Zitrone
- 1 Päckchen Gelierzucker 2:1
- 1 Zweig Minze
- leere Schraubgläser mit Deckel

Wasche die Erdbeeren und entferne Stiele und Blätter. Presse die Zitrone aus. Zupfe die Minzblätter ab.

Gib Erdbeeren, Zitronensaft und Minzblätter in einen ausreichend großen Topf und püriere alles. Gib den Gelierzucker dazu und vermische alles. Achte dabei auf die Anleitung auf der Packung.

Füll die Marmeladengläser randvoll, schraube sie zu und stelle sie kopfüber auf den Deckel, bis sie abgekühlt sind.

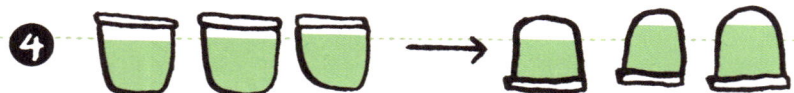

Für das Etikett brauchst du:
- festes weißes Papier
- Wasserfarbe und Pinsel
- Schere
- schwarzen Fineliner
- Klebestift

Male einen Teil des Papiers rot, einen kleineren Teil grün an. Wenn deine Farbe nicht gleichmäßig aussieht, macht das nichts – so sehen die gebastelten Erdbeeren noch echter aus. Lass alles gut trocknen.
Schneide aus dem roten Papier Erdbeeren und aus dem grünen Papier die dazugehörigen Blätter aus. Klebe die Blätter auf die Erdbeeren. Zeichne mit dem Fineliner auf jede Erdbeere die typischen Pünktchen.
Klebe die Erdbeere auf das Glas.

Wenn du mehrere Erdbeeren bastelst, kannst du sie mit Tesa an eine Schnur kleben und erhältst so eine Erdbeergirlande.

APFELTATTOOS

Bestimmt hast du schon beobachtet, dass Äpfel am Baum erst grün sind und dann rot werden. Ihre Rotfärbung entsteht durch das Sonnenlicht. Das heißt auch, dass die Äpfel an den Stellen, wo sie kein Licht bekommen, grün bleiben. Diesen „Bikini"-Effekt kannst du nutzen, um Äpfel schon am Baum mit Mustern oder Tattoos zu versehen.

Du brauchst:
- einen Apfelbaum einer Sorte, deren Äpfel rot werden (z. B. Jonagold oder Gala)
- Aufkleber (am besten glänzende, wasserfeste Werbeaufkleber)

Schneide aus den Aufklebern Formen, Muster oder Buchstaben aus und klebe diese auf die noch grünen Äpfel, die viel Sonne bekommen.
Unter dem Aufkleber bleibt die Schale grün, während sich die restliche Frucht allmählich rot färbt. Wenn der Apfel rot geworden ist, ziehst du den Aufkleber vorsichtig wieder ab.

MEIN GARTEN-FOTOSHOOTING

Idee 1: Blüten-Jonglage

Du brauchst:
- eine Freundin
- Blüten

Lege die Blüten im Halbkreis so auf dem Boden aus, als würde jemand damit jonglieren.
Bitte deine Freundin nun, sich auf den Boden zu legen und die Pose des Jongleurs einzunehmen.
Fotografiere das Ganze von oben, sodass es aussieht, als würden die Blumen durch die Luft fliegen.

36

Idee 2: Blumenregen

Du brauchst:
- eine Freundin
- Blüten

Bitte deine Freundin, sich auf den Boden zu legen.
Verteile Blüten auf ihr und um sie herum, sodass es aussieht,
als hätte es gerade Blumen geregnet.

Idee 3 : Blütenporträt

Zeichne ein Gesicht auf Din-A3-Papier.
Schmücke das Papier mit Blumen und mache
anschließend ein Foto davon. Auch dieses solltest
du möglichst genau von oben machen, sodass dein
Bild nicht perspektivisch verzerrt wird.

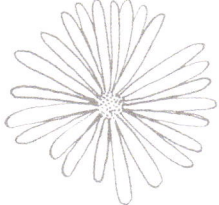

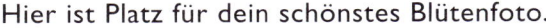

Hier ist Platz für dein schönstes Blütenfoto.

BALKON KARTOFFELN

Ab Anfang April kannst du auf einem sonnigen Balkon deine eigenen Kartoffeln anbauen.

Du brauchst:
- 1 Sack Laub
- Blumenerde
- Saatkartoffeln
- großen Jute- oder Pflanzsack

UND SO GEHT'S:

Befülle den Pflanzsack mit einer etwa zehn Zentimeter hohen Laub-
schicht. Fülle eine etwa 15 cm dicke Schicht Erde darauf. Wässere die
Mischung. Die Erde sollte stets leicht feucht, aber nicht nass sein.
Lege drei bis vier Pflanzkartoffeln mit den Keimen nach oben darauf
und bedecke sie mit ein bisschen Erde.

Nach einiger Zeit zeigt sich das erste Grün. Sobald die Pflanzen etwa
zehn Zentimeter hoch sind, fülle so viel Erde nach, dass nur noch die
Blattspitzen zu sehen sind.
Wiederhole das noch ein- bis zweimal. So bilden sich mehrere Lagen
neuer Kartoffelknollen, die gut drei Monate nach dem Pflanzen ernte-
reif sind. Achte darauf, dass die Erde nicht austrocknet.

Wenn das Laub der Pflanze verwelkt, ist Erntezeit.
Grabe nun entweder mit den Händen die Kartoffeln aus oder lege eine
Unterlage aus und kippe das Pflanzgefäß auf die Seite.

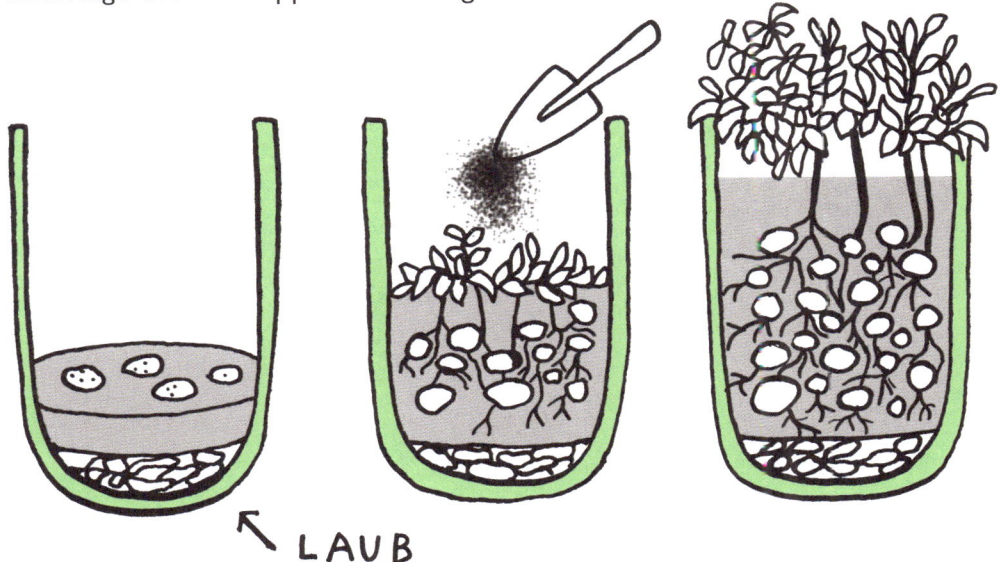

↖ LAUB

41

Pellkartoffeln mit Kräuterquark für zwei

Aus kleinen, jungen Kartoffeln lassen sich gut Pellkartoffeln kochen. Ihre Schale ist besonders dünn und lässt sich daher einfacher entfernen.

Du brauchst:
- 1/2 kg Kartoffeln
- 1 TL Salz

Bürste die Kartoffeln vor dem Kochen mit einer Gemüsebürste oder der rauen Seite eines Schwamms unter fließendem Wasser gründlich ab.
Gib die Kartoffeln in einen Topf und fülle so viel Wasser dazu, dass sie knapp bedeckt sind. Schalte den Herd an und bringe das Wasser zum Kochen.
Lasse die Kartoffeln zugedeckt ca. 20–30 Minuten garen.

Mache nach etwa 20 Minuten eine Garprobe: Stich mit einem Messer in eine Kartoffel. Rutscht sie wie Butter vom Messer, sind sie fertig. Beim Abgießen des Wassers lass dir am besten von einem Erwachsenen helfen, da man sich dabei leicht verbrennen kann.

Jetzt kann das Pellen beginnen! Das geht am einfachsten, wenn die Kartoffeln noch warm sind. Halte die Kartoffel mit einer Gabel oder den Fingern fest und ziehe die Schale mit einem kleinen Küchenmesser ab.

Den Kräuterquark kannst du zubereiten, während die Kartoffeln kochen.

Dafür brauchst du:
- 250 g Quark oder Magerquark
- 1/2 Bund frischen Schnittlauch
- 1/2 Bund frische Petersilie
- 1 EL Milch
- Salz und Pfeffer

Wasche die Kräuter, tupfe sie trocken und hacke sie mit einem Messerchen klein.
Gib den Quark und die Milch in eine Schüssel und rühre beides glatt. Hebe die Kräuter unter den Quark. Schmecke den Quark mit Salz und Pfeffer ab.

Achtung! Grüne Kartoffelknollen dürfen NICHT gegessen werden. Du kannst sie jedoch verwenden, um damit zu drucken.
(siehe Seite 112)

Guten Appetit!

Klein, aber oho!
DAS MINIBAUMHAUS FÜR ZIMMERPFLANZEN

Du brauchst:
- 1 kleine Pappschachtel, z. B. von Tee
- spitze kleine Schere und Kleber
- dünne Zweige
- Blumendraht

Und so geht's:
Zeichne mit einem Stift Fenster
und Tür auf die Schachtel und
schneide beides mit der Schere aus.

Beklebe nacheinander jede Seite der Schachtel mit den kleinen Ästchen.

Bastele eine kleine Strickleiter aus Draht und dünnen Ästchen.
Befestige die Leiter am Eingang des Baumhauses, indem du zwei kleine Löcher in
den Boden des Baumhauses stichst und sie dort einhängst.

Je nach Geschmack kannst du das Baumhaus noch
weiter ausstatten, z. B. mit einem Teppich oder
Gardinen aus Stoffresten usw.

Stich zwei Löcher in die Seite des
Baumhauses, stecke einen etwa
15 cm langen Draht hindurch
und befestige das Haus damit
an einer kräftigen Pflanze.

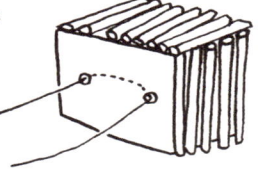

Coole Gartendrinks

Für 2 Gläser brauchst du:
- 250 g Erdbeeren
- 150 g Joghurt
- 50 ml Milch
- 1 EL Honig

Shake
FÜR 2

Wasche die Erdbeeren, lasse sie abtropfen und schneide die Stiele ab.
Gib die Erdbeeren in einen Rührbecher. Gieße Joghurt, Milch und Honig darüber.
Püriere alle Zutaten mit einem Stabmixer so lange, bis der Shake cremig ist.
Am erfrischendsten schmeckt der Erdbeershake, wenn du ihn vor dem Trinken
für ca. eine Stunde in den Kühlschrank stellst. Garniere jeden Shake mit einer
Erdbeere und einem kleinen Zweig Minze.

Bowle
FÜR ALLE

SAFT

Holu

Für 10 Personen brauchst du:
- 1 l Apfelsaft
- 250 g Erdbeeren
- 1 unbehandelte Bio-Zitrone
- 1,5 l Holunderblütenlimonade

Wasche die Erdbeeren, schneide die Stiele ab und halbiere sie.
Wasche die Zitrone und schneide sie in Scheiben
Gib Erdbeeren, Zitronenscheiben und Apfelsaft in eine große Schüssel und
lasse alles zusammen mindestens 3 Stunden zieher.
Gieße die Limonade dazu.

47

TEE AUS DEM GARTEN

Löwenzahntee

Für 2 Tassen Löwenzahntee brauchst du:
- 1 Handvoll frischer Löwenzahnblätter
- 0,5 l kochendes Wasser

Schneide die Blätter in Streifen, gib sie in eine Teekanne und übergieße sie mit dem Wasser. Lass den Tee 10 Minuten ziehen.

Gieße den Tee durch ein Sieb in zwei Tassen.

Schon im März kannst du frische Löwenzahnblätter ernten. Während sich für einen Löwenzahnsalat die jungen Blätter besser eignen, kannst du für den Tee bis in den Herbst hinein Blätter sammeln.

Minz-tee

Für eine Tasse Minztee zupfst du 3-5 Blätter mit den Fingern ab und gibst sie lose in die Tasse. Diese übergießt du mit nicht mehr siedendem Wasser und lässt die Mischung mindestens 5 Minuten ziehen.

Ringel-blumen-tee

Zupfe die Blütenblätter von einer Ringelblumenblüte ab und gib sie in eine Tasse. Übergieße sie mit heißem Wasser und lass den Tee 5 Minuten lang ziehen.

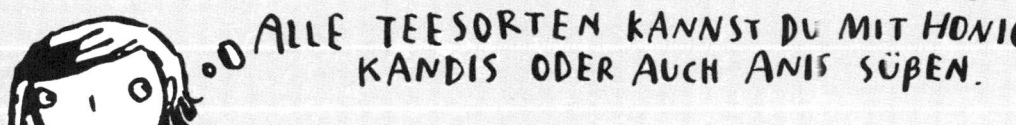

ALLE TEESORTEN KANNST DU MIT HONIG, KANDIS ODER AUCH ANIS SÜßEN.

Ein Windspiel bauen

Ein Windspiel bringt Farbe in den Garten oder auf den Balkon und ist eine schöne Deko für Gartenfeste. Es weht und klingelt im Wind und verbreitet gute Laune. Je nach Wunschgröße kannst du dein eigenes Windspiel aus verschiedenen Materialien basteln. Die Anleitung ist für beide Größen in etwa gleich:

Befestige die Bänder am Ring, indem du sie festknotest oder wie auf dem Bild um den Ring schlingst.
Knote dann vier gleich lange Bänder für die Aufhängung an den Ring. Diese verbindest du oberhalb des Rings durch einen Knoten. Mit diesen Bändern kannst du dein Windspiel an einem Ast oder einem Haken befestigen.

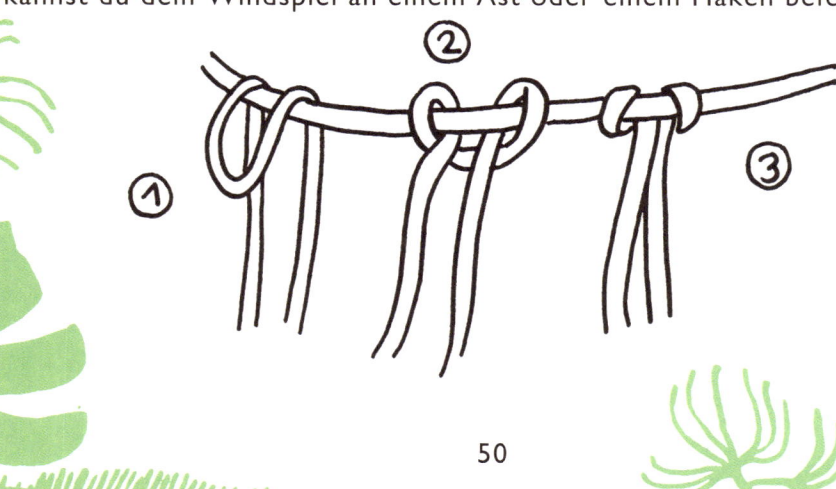

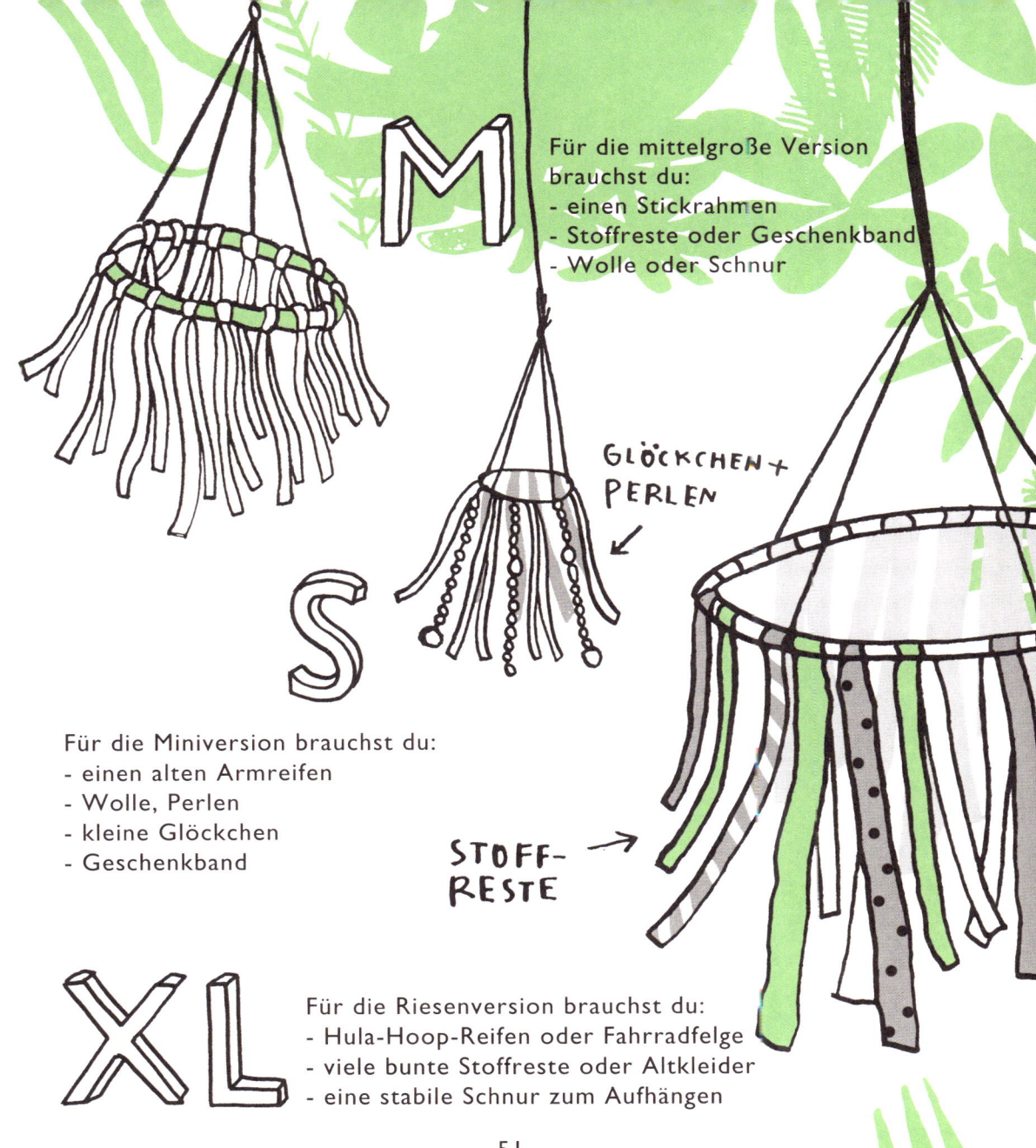

M

Für die mittelgroße Version brauchst du:
- einen Stickrahmen
- Stoffreste oder Geschenkband
- Wolle oder Schnur

GLÖCKCHEN + PERLEN

S

Für die Miniversion brauchst du:
- einen alten Armreifen
- Wolle, Perlen
- kleine Glöckchen
- Geschenkband

STOFF-RESTE →

XL

Für die Riesenversion brauchst du:
- Hula-Hoop-Reifen oder Fahrradfelge
- viele bunte Stoffreste oder Altkleider
- eine stabile Schnur zum Aufhängen

Mehr als 95 Prozent der heimischen Schmetterlingsarten sind Nachtfalter, die meistens als „Motten" bezeichnet werden. Von hellem Licht fühlen sie sich magisch angezogen.

Um sie beobachten zu können, brauchst du:

- weißes Bettlaken
- Wäscheklammern
- Wäscheleine oder Schnur
- eine helle Lampe
- evtl. ein Verlängerungskabel

Und so geht's:
Spanne eine Wäscheleine zwischen zwei Bäume.
Befestige daran mit den Wäscheklammern ein weißes Bettlaken.
Richte eine starke Lampe auf das Laken und schalte die Lampe an, sobald es dunkel wird. Warte ab, was passiert!

Platz für deine Falterbeobachtungen:

✳ ESSBARE BLÜTEN ✳

Essbare Blüten, wie z. B. Gänseblümchen, Kapuzinerkresse, Lavendel oder Ringelblume, sind nicht nur Schmuck für Salat und Butterbrot. Du kannst damit auch Getränke verschönern, indem du die Blüten in Eiswürfeln einfrierst.

Gib in jedes Förmchen eines Eiswürfelbehälters je eine kleine essbare Blüte oder ein essbares Blättchen (z. B. Minze) und fülle die Förmchen mit Wasser auf. Stelle den Eiswürfelbehälter für mehrere Stunden ins Eisfach, bis die Eiswürfel gefroren sind.

Die Eiswürfel kannst du zum Kühlen aller Getränke nehmen. Besonders schön kommen sie zur Geltung, wenn du damit Wasser in einer Glaskaraffe kühlst.

Kamillen-
blüten

Minz-
blätter

Lavendel-
blüten

gänse-
blümchen

Ringel-
blumen-
blüten

Rosen-
blüten-
blätter

Kapuziner-
kresse

DER PERFEKTE PLAN FÜR DEINE GARTENPARTY

am .... ab .... Uhr

Beim Vorbereiten hilft mir: ....

Beim Aufräumen helfen: ....

gästeliste

Name	bringt mit (Essen/Trinken/...)
....	....
....	....
....	....
....	....
....	....
....	....
....	....
....	....
....	....
....	....

MUSIK
Partyplaylist
erstellen

EINLADUNGEN
Einladungskarten
mit Blütenblättern
gestalten

DEKO
Gartenwindspiel
basteln und aufhängen

Leinwand für
Nachtfalterkino
aufhängen und Lampe
bereitstellen

FOTOSHOOTING
Ort für Blumen-
shooting
vorbereiten

TO
DO

GETRÄNKE
Zutaten für
Shakes und Bowle
einkaufen

ESSEN
Kräuterquark machen,
Stockbrotteig vorbereiten

SPIELE
Schneckenrennen
vorbereiten

LAGERFEUER
Feuerholz sammeln

gartenparty!
11.08   17 Uhr

STOCKBROTTEIG FÜRS LAGERFEUER

Am besten, du bereitest den Teig schon vorher zu, denn er muss ca. eine Stunde lang ruhen!

Für 8–10 Stockbrote brauchst du:
- 400 g Mehl
- 1 Päckchen Trockenhefe
- 1 EL Zucker
- 300 ml lauwarme Milch oder lauwarmes Wasser
- 1 TL Salz
- 2 EL Olivenöl

Gib alle Zutaten in eine Schüssel und knete sie zu einem Teig. Das kannst du entweder mit den Händen oder den Knethaken eines Küchenmixers machen. Decke den Teig mit einem sauberen Geschirrtuch zu und lasse ihn an einem warmen Ort ruhen, bis er sich sichtlich vergrößert hat.

Nimm dann ein Stück davon (etwa in der Größe eines kleinen Apfels) und forme es zu einer Schlange. Wickele diese um die Spitze deines Stockes und halte sie über die Glut, nicht in die Flammen. Wenn das Brot knusprig braun ist, kannst du es mit Erdbeermarmelade oder Kräuterquark
bestreichen und essen.

Meine
Playlist für die
gartenparty

Meine Lieblingssongs ...

zum Mitsingen

zum Ankommen

zum Tanzen

zum Chillen

zum Abrocken

Blumenvasen DIY

Idee 1: Message on the bottle

PEACE and LOVE

BFF Forever ♥

Life is full of joy

Du brauchst:
- ein großes Schraubglas (z. B. von eingelegten Gurken)
- weiße Acrylfarbe
- Pinsel
- schwarzen oder goldenen Edding
- Geschenkband

DANKE DU BIST TOLL!

Und so geht`s:
Wasche das Glas gut aus, entferne alle Papieretiketten und trockne es ab.
Male mit der Farbe eine Form auf das Glas. Lass die Farbe gut trocknen.
Schreibe mit dem Stift einen Spruch oder dein Motto darauf.
Binde mit dem Geschenkband eine Schleife um den oberen Rand des Glases.

LOVE & PEACE

Idee 2 : Flasche mit Pullover

Und so geht`s:
Trage auf dem unteren Teil der Flasche
Kleber auf. Wickle den Wollfaden darum,
beginne dabei am Boden und arbeite dich nach
oben. Umwickle so Stück für Stück die ganze
Flasche mit verschiedenfarbiger Wolle.

❶

KLEB

❷

KLEB

❸

Du brauchst:
- eine leere Flasche
- Wolle in verschiedenen Farben
- Kleber

63

WELCHER BLUMENTYP BIST DU?

Wie viel Zeit brauchst du morgens im Bad?

☐ Ich schlaf lieber länger – und an einem Bad-Hair-Day setze ich einfach eine Mütze auf.

🌀 Wenig – natürliche Schönheit kommt von innen.

▲ Das kann schon mal länger dauern, bis ich finde, dass ich vor die Tür gehen kann.

✖ Wichtiger für mein Aussehen ist ein vernünftiges Frühstück.

Welche Farbe magst du? (Du kannst auch mehr als eine Antwort ankreuzen)?

🌀 Ein unschuldiges Weiß

✖ Ein leuchtendes Gelb

☐ Grün – in allen Schattierungen

▲ Ein königliches Dunkelrot

Du brauchst eine neue Jeans. Wie läuft das meistens ab?

✖ Ich nehme meine Freundinnen mit und wir probieren gemeinsam die lustigsten Outfits an.

☐ Ich recherchiere im Internet und bestelle mir eine.

▲ Ich gehe mit meiner besten Freundin in die Stadt, damit sie mich beraten kann.

🌀 Ich nehme meine Freundinnen mit und am Ende landen wir – ohne Jeans – in der Eisdiele.

Welcher dieser Orte könnte dein Lieblingsplatz sein?
▲ Das angesagte Café gegenüber der Schule
▢ Mein Bett
✖ Das Freibad
๑ Das Ufer eines Sees

Welche Jahreszeit magst du am liebsten?
▢ Winter – da zwingt mich wenigstens niemand rauszugehen
▲ Herbst – da leuchten die Farben so schön
๑ Frühling, wenn alles langsam grün wird
✖ Sommer, am besten mit extra viel Sonne

Über welches Geschenk freust du dich am meisten?
๑ Ein selbst gebasteltes Freundschaftsbändchen
✖ Einen Gutschein für einen Ausflug mit Freunden
▲ Einen Geschenkgutschein für eine Drogerie
▢ Ein spannendes Buch

Das Symbol, das du am häufigsten gewählt hast, verrät dir, welcher
Blume du ähnelst. Die Auflösung findest du auf der nächsten Seite.

Wie eine Rose überstrahlst
du alle und stehst gern im
Mittelpunkt.

Du bist anpassungsfähig und
fügst dich überall gut ein wie
das Gänseblümchen mit seiner
natürlichen Schönheit.

Du brauchst Sonne und liebe
Freundinnen um dich herum
wie eine Sonnenblume.

Du bist dir meist selbst genug
und auch sonst wenig anspruchs-
voll wie ein Kaktus.

Schnecken-rennen

slow!

READY, STEADY, GO

... ist das Startsignal von einem Schneckenrennen, das seit 1960 jeden Sommer in England stattfindet. Beim dortigen Rennen gehen rund 200 Schnecken an den Start. Die bekannte Bestzeit bei einer Strecke von 33 cm beträgt etwa zwei Minuten.

Auch du kannst ein Schneckenrennen veranstalten!
Du brauchst dazu:
- Schnirkelschnecken (Die findest du am ehesten, wenn es regnet.)
- einen Gartentisch oder ein möglichst ebenes Stück Terrasse oder Hof
- Straßenmalkreide

Um die Schnecken voneinander zu unterscheiden, kannst du ihnen ein kleines Stück Maskingtape auf ihr Gehäuse kleben, bevor sie an den Start geschickt werden.

Male mit der Kreide einen kleinen Kreis als Start und ziehe um diesen herum einen größeren Kreis mit etwa 60 cm Durchmesser. Das ist die Ziellinie, denn die Rennschnecken laufen nicht unbedingt geradeaus.

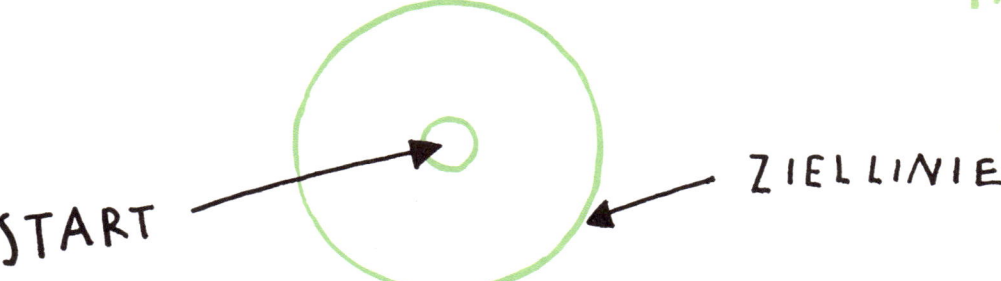

START

ZIELLINIE

Setze die Schnecken in den kleinen Kreis und gib das Startsignal. Diejenige Schnecke gewinnt, die zuerst den äußeren Kreis erreicht.

Wenn du das Rennen gemeinsam mit Freunden veranstaltest, könnt ihr eure Schnecken natürlich auch anfeuern oder versuchen, sie mit Essen zur Ziellinie zu locken. Die Ergebnisse könnt ihr auf der folgenden Seite eintragen.

ERGEBNISSE

Datum: .... Distanz: ....

Name	Kennzeichen Schnecke	Zeit	Platz

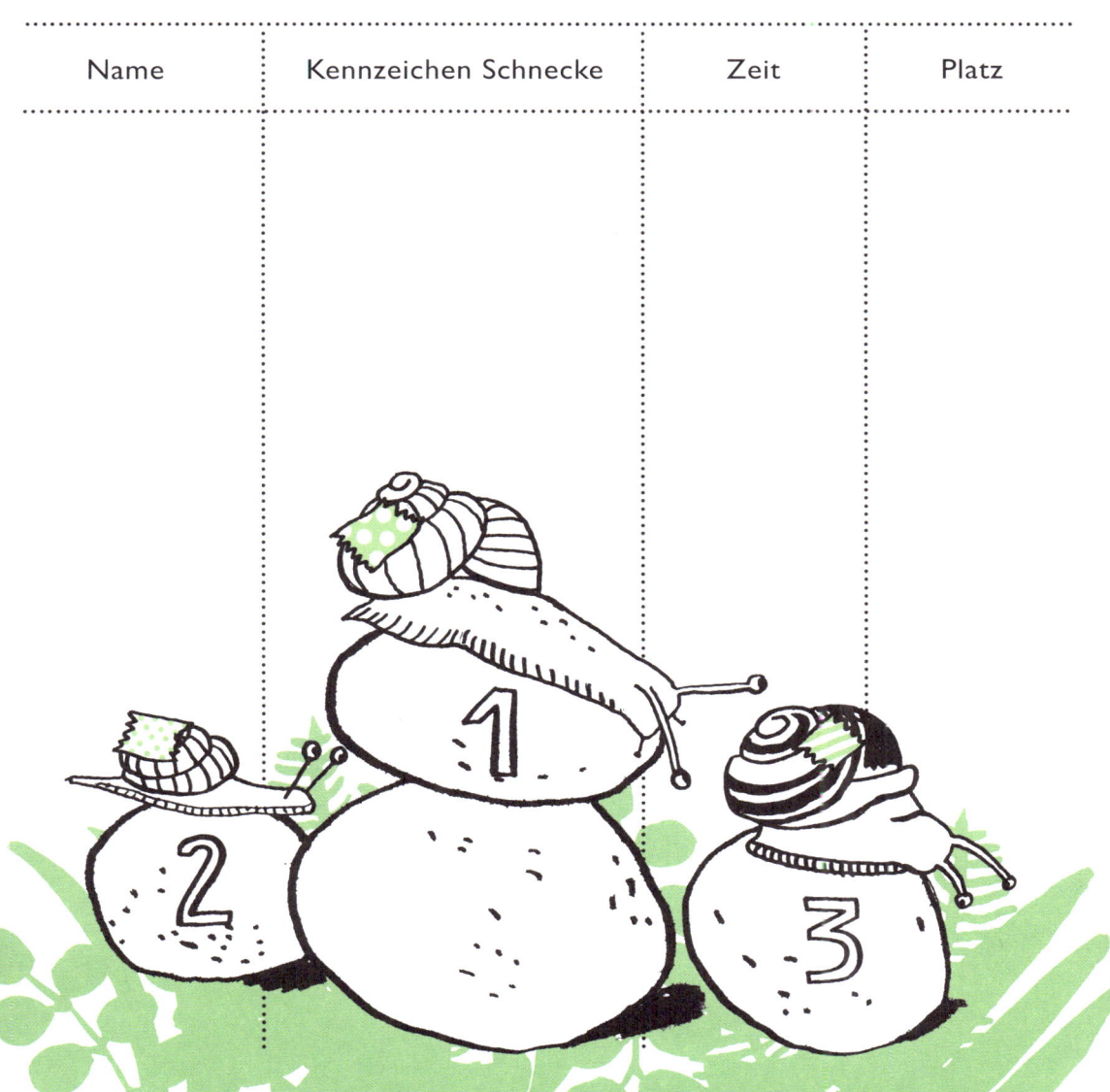

Experiment:
Blumen färben

Du brauchst:
- weiße Blumen (am besten weiße Rosen, Margeriten, Tulpen oder Nelken)
- scharfes kleines Messer
- Schere
- 3–6 Tintenpatronen

Fülle ein Trinkglas mit Wasser.
Schneide die Tintenpatronen über dem Glas vorsichtig an beiden Seiten auf und lass die Tinte in das Wasser fließen.

Kürze den Blumenstängel auf ca. 10 cm Länge und schräge ihn mit dem Messerchen an. Stelle die Blume hinein.

Tintenspritzer lassen sich zwar mit Wasser und Seife wieder entfernen, aber es ist trotzdem gut, wenn du das Ganze in einem Waschbecken machst!

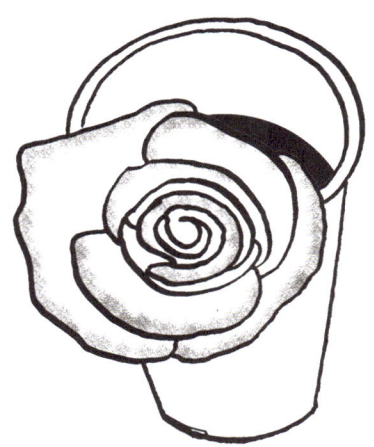

Nach einer Weile zieht sich
die Farbe b s in cie Spitze der
Blütenblätter hoch.

Was ist passiert?
Durch die Blütenblätter verdunstet
Wasser. Wasser und Nährstoffe
werden aus der Erde nachgesaugt,
in diesem Fall jedoch die farbige
Tinte aus dem Glas, die jetzt die
Blüte färbt.

Wenn du mehr als eine Farbe im Blütenkopf haben
möchtest, kannst du den Stiel der Länge nach
spalten und diese in zwei Gläser mit
verschiedenfarbiger Tinte stecken.

Die gefärbten Blüten kannst du pressen und
z. B. zum Schmücken von Grußkarten verwenden.

71

WAS WÄCHST DENN HIER?

Nach dem Säen heißt es Warten, und für eine Weile sehen die Kästen oder Töpfe noch ganz schön leer aus. Damit du dir merkst, worauf du dich bald freuen kannst, kannst du jedes Gefäß mit einem Pflanzstein oder einem Pflanzlöffel schmücken.

Dazu brauchst du:
- große flache Steine oder alte Kochlöffel
- Bleistift
- Acrylfarbe in verschiedenen Farben
- Pinsel
- einen wasserfesten Stift/Edding
- Klarlack

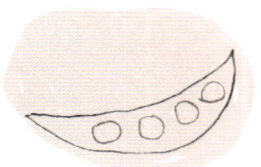   

Wasche die Steine gründlich und lasse sie trocknen. Zeichne mit dem Bleistift vor, was du darauf malen möchtest. Male das Motiv mit der Acrylfarbe nach und lass diese gut trocknen. Schreibe den Namen der Pflanze mit dem Stift darauf. Überziehe das Ganze mit einer Schicht Klarlack. Lege den Stein in das Pflanzgefäß oder stecke den Löffel hinein.

Erdbeere

ORNAMENTE-
FOTOSHOOTING

Ordne Blumen und Blütenblätter so an, dass sie ein Muster ergeben. Am besten machst du das auf dem Boden an einem windgeschützten hellen Ort. Auf einem einfarbig dunklen Untergrund kommen die Blüten besonders gut zur Geltung. Fotografiere deine Blütenornamente von oben, sodass sie möglichst wenig perspektivisch verzerrt werden.

✳ Idee 1 : Sternförmig

Idee 2 : Kreisförmig und auf den Mittelpunkt zentriert, wie bei einem Mandala

Die Blüten und Blätter auf diesen Seiten kannst du ausmalen!

◎ Idee 3: Spiralförmig

Je nach Jahreszeit und Ort kannst du statt Blumen und Blüten auch Steine und Stöckchen, Muscheln oder Tannenzweige verwenden.

Hier ist Platz für ein Foto von deinem Natur-Orrament.

Blüten forever

Auch ohne eine „richtige" Blumenpresse kannst du Blüten und Blätter pressen.

Dazu brauchst du:
- frische Blumen mit zarten Blüten oder einzelne Blütenblätter
- Gräser oder Pflanzenblätter
- Zeitungs- oder Löschpapier
- dicke, schwere Bücher

1. Pflücke Blumen oder sammle Blätter
2. Lege die Blüten zu Hause auf Zeitungspapier. Noch besser ist Löschpapier, da dieses noch mehr Feuchtigkeit aufnimmt. Die Blätter sollten möglichst platt liegen und sich nicht überlappen, da man sie sonst später nur schwer voneinander lösen kann.

3. Bedecke die Blätter oder Blüten mit einer Lage Löschpapier und mehreren Lagen Zeitungspapier.

4. Beschwere das Ganze mit Büchern.
Je nachdem, wie dick und feucht die Blätter oder Blüten waren, kann es einige Tage bis zu mehr als einer Woche dauern, bis die Pflanzen durchgetrocknet sind. Du kannst zwischendurch vorsichtig nachschauen.

SCHWER ↓

③

④ WÖRTERBUCH
HARRY POTTER

⑤

5. Wenn alles trocken ist, kannst du die Blätter und Blumen vorsichtig aus der Zeitung herausnehmen und mit Klebestift aufkleben, z. B. hinten in diesem Buch oder auf einer Grußkarte.

Blüten kannst du nicht nur pressen, sondern auch essen! Welche, das verraten wir dir auf Seite 57.

Grüße von der Rosenballerina

Mit getrockneten Blüten kannst du zum Beispiel Klappkarten gestalten.

Dazu brauchst du:
- festes Papier
- getrocknete Rosenblütenblätter
- Klebestift
- Bleistift, Buntstifte oder Fineliner

1. Falte ein stabiles Papier zur Karte.

2. Klebe die Rosenblüten auf.

3. Ergänze Figuren und Text mit Stiften.

Hier ist Platz für deine Ballerinas:

KOSMETIK AUS DEM GARTEN

Eine *Haarspülung mit Löwenzahn*

bringt Glanz in trockenes und sprödes Haar und hilft gegen Schuppen und fettige Kopfhaut.

Du brauchst:
- 2 Handvoll Löwenzahnblüten
- etwa 500 ml heißes Wasser

Gib die Blüten in einen kleinen Topf und übergieße sie mit heißem Wasser. Decke den Topf mit dem Deckel zu und lasse das Ganze mindestens 10 Minuten ziehen. Gieße dann die Mischung durch ein Sieb und fange das Löwenzahnwasser in einer Schüssel auf. Wenn es abgekühlt ist, ist es eine prima Spülung nach dem Haarewaschen.

Erdbeermaske FÜR FRISCHE SOMMERHAUT

Du brauchst:

5 frische, mittelgroße Erdbeeren

Honig

Joghurt ODER Sahne

bei fettiger Haut   bei trockener Haut

Gib die Erdbeeren in eine kleine Schüssel und zerdrücke sie mit der Gabel.
Gib dann den Honig dazu und anschließend entweder die Sahne oder den Joghurt.
Mische die Zutaten gut. Trage die Maske mit den Fingern auf das Gesicht auf.
Spare die Augenpartie aus. Wasche die Maske nach 10–15 Minuten ab.

EIN Blumenstrauß FÜR DICH!

Du brauchst:
Blumen, (Garten-)Schere,
Geschenkband

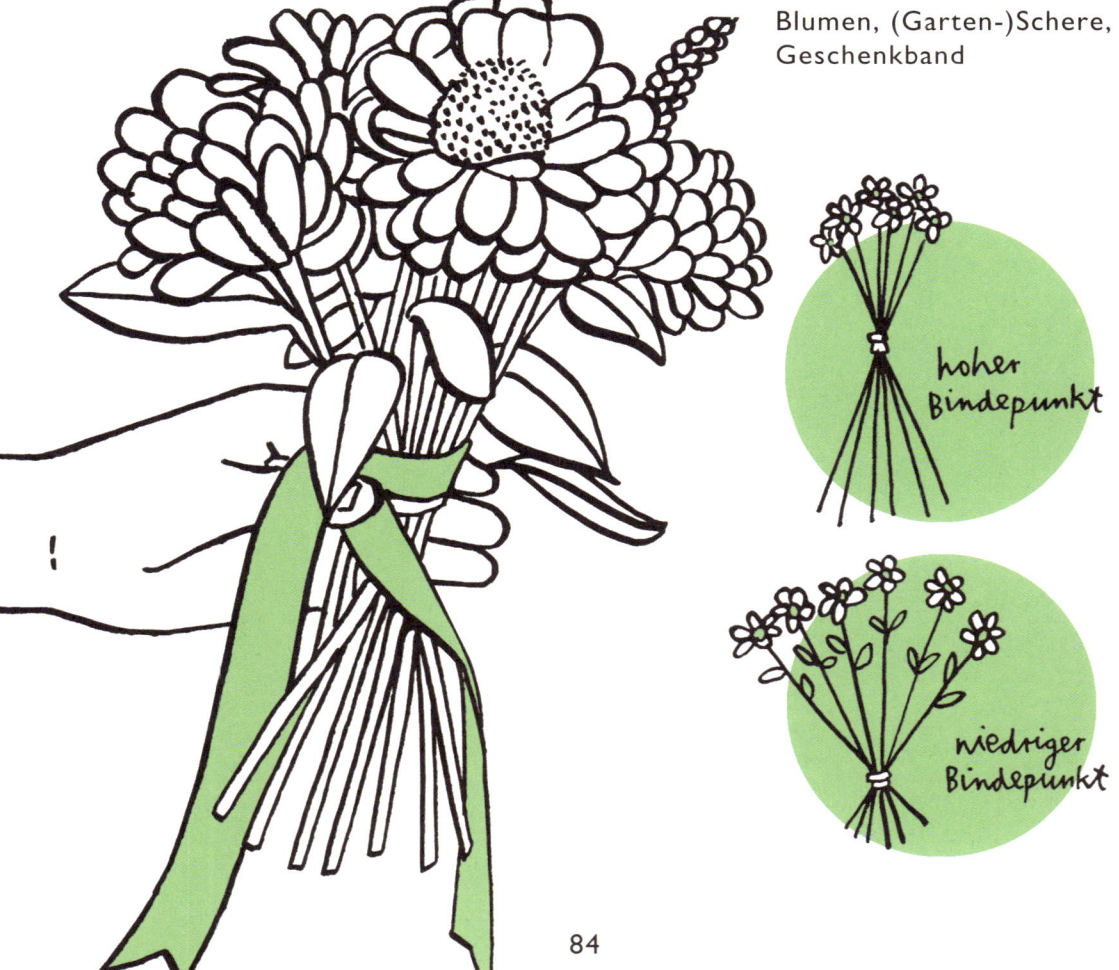

hoher Bindepunkt

niedriger Bindepunkt

1. Entferne die unteren Blätter an den Stängeln.

2. Suche dir eine „Hauptblume" aus und nimm sie
in die Hand. Sie ist der Mittelpunkt im Blumenstrauß,
um den sich alles dreht.

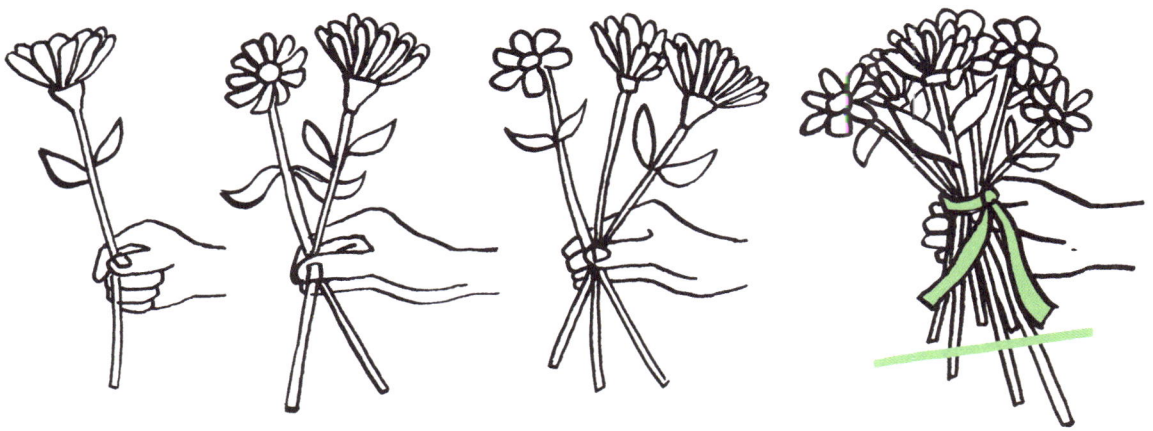

3. Lege den „Bindepunkt" fest. Der Bindepunkt ist die Taille des Straußes. Je
höher dieser Richtung Blüte liegt, desto kleiner wird die gesamte Blütenfläche.
Hier wird der Strauß nicht nur während des Bindens gehalten, sondern später
auch zusammengebunden.

4. Lege den Stängel einer weiteren Blume in einem leicht schrägen Winkel
über die Hauptblume. Drehe den Strauß in der Hand ein bisschen weiter.
Wiederhole das Ganze mit allen weiteren Blumen. Dadurch wird der Strauß
mit der Zeit kugelig rund.

5. Bitte jemand anderes, den Strauß an der Stelle, an der du ihn festhältst, mit
dem Band zusammenzubinden.

6. Kürze alle Stängel unten mit der Schere auf die gleiche Länge.

Zeichnest du Blüten normalerweise einfach so:  ?
Dann schau einmal genau hin und versuche
aufzuzeichnen, wie sie wirklich aussehen.

SPITZER-
BLÜMCHEN

Heute bin ich Waldprinzessin

Du brauchst:
- ca. 25 etwa gleich große Ahornblätter mit
  langen Stielen
- scharfes Messerchen

Schneide das knubbelige Ende der langen
Stiele ab. Falte das erste Ahornblatt direkt
neben seiner harten Mitte.

Schlitze das gefaltete Blatt wie auf dem Bild
mit einem scharfen kleinen Messer ein.

Stecke den Stiel des nächsten Blattes durch
beide Blattschichten hindurch.

Knicke auch das zweite Blatt neben der
Mitte. Mache mit dem Messer einen neuen
Schlitz durch alle Blattschichten. Stecke den
Stiel des dritten Blattes durch. Mache so
weiter, bis die Krone groß genug für deinen
Kopf ist.

Verschließe die Krone, indem
du einen kräftigen Blattstiel
durch beide Teile stichst.

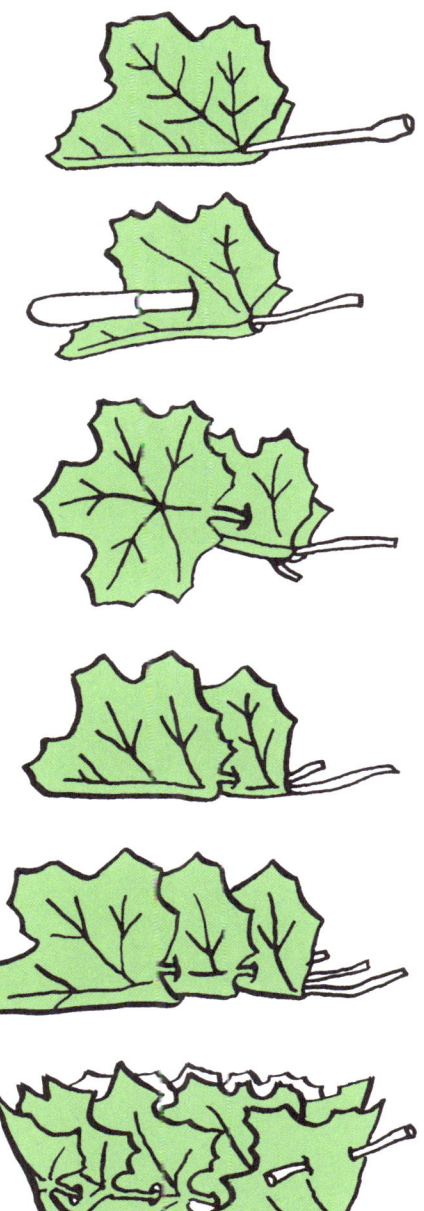

MEIN GARTEN AUF DER FENSTERBANK

Blumen oder Kräuter auf der Fensterbank sehen noch schöner aus, wenn du die Töpfe, in denen sie wachsen, verschieden gestaltest.

Idee

Du brauchst:
 - 1 PET-Flasche
 - einen wasserfesten schwarzen Stift
 - Cutter oder Nagelschere und Schere
 - weiße Acrylfarbe und andere Farbtöne
 - je nach Motiv und Geschmack
 - Pinsel

1. Zeichne mit dem Stift die Umrisse des Tierkopfes auf der Flasche vor.

2. Stich mit dem Cutter oder der Nagelschere vorsichtig ein Loch in die Flasche und schneide die restliche Form mit der Schere aus. Stich ein paar Löcher in den Boden, damit später im Topf keine Staunässe entsteht.

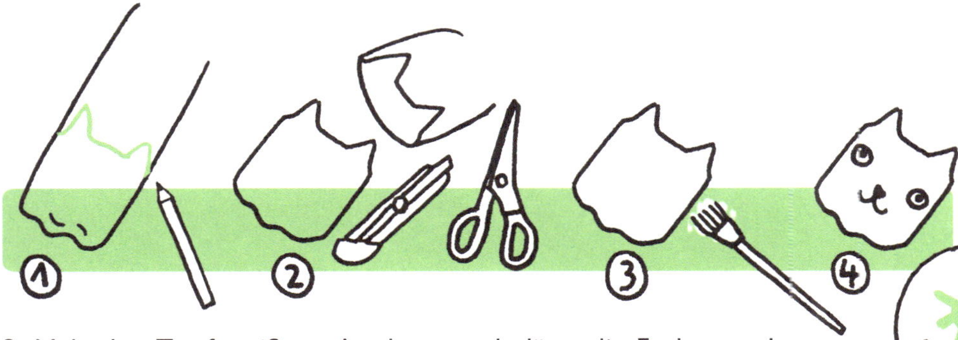

3. Male den Topf weiß an. Am besten, du lässt die Farbe trocknen und streichst anschließend eine zweite Schicht darüber. So deckt die Farbe besser. Wenn die Farbe trocken ist, kannst du das Tiergesicht aufmalen.

BLUME

TROPFTOPF

Du brauchst:
- einen Blumentopf aus Ton mit passendem Untersetzer
- Acrylfarbe in Weiß und in zwei anderen Farbtönen
- Pinsel

1. Lege eine alte Zeitung als Unterlage auf deinem Arbeitstisch aus. Streiche die Außenseite des Blumentopfes und seinen oberen Rand weiß an und lass alles gut trocknen.

2. Streiche den Untersetzer in einer der beiden anderen Farben an.

Idee

2

3. Drehe den getrockneten Blumentopf um. Verdünne die eine Farbe mit etwas Wasser, sodass sie etwas flüssiger wird.

4. Trage sie mit dem Pinsel so dicht am Rand auf, dass sie rundherum herunterläuft.

5. Lass die Farbe trocknen.

6. Wiederhole das Gleiche dann mit der anderen Farbe.

MUSTERTOPF

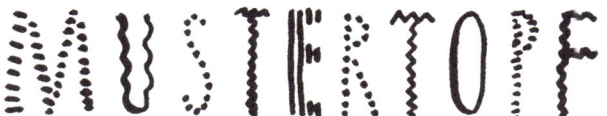

Du brauchst:
- mehrere kleine Tonblumentöpfe mit passendem Untersetzer
- Acrylfarbe in Weiß oder einer anderen Farbe
- Pinsel

Male jeden Blumentopf mit einem anderen Muster an.
So sehen sie als Gruppe besonders schön aus.

Idee
3

Platz für Skizzen

Hier wächst mein Butterbrot

KRESSE-INSELN

⑤ ④ ① Wattepad ②

Du brauchst:
Kressesamen, Watte,
Wattepads oder Küchenrolle

Und so geht's:

1. Lege einen Teller mit einer Schicht Watte oder Küchenrolle aus und befeuchte das Ganze, damit die Kressesamen gut ankeimen können.

2. Streue die Samen möglichst gleichmäßig aus der Verpackung auf die Watte oder die Küchenrolle, sodass die Samen nicht aufeinander- oder zu dicht nebeneinanderliegen.

3. Befeuchte den Samen täglich mit einer Sprühflasche.

4. Bereits nach einem Tag kannst du beobachten, wie die ersten Kressesamen zu sprießen beginnen.

5. Nach etwa 8 bis 10 Tagen kann die Kresse geerntet werden. Dazu schneidest du einfach die benötigte Menge mit einer Küchenschere ab.

③

TIPP: Schneide aus dem Küchenpapier verschiedene Formen aus, die du mit Kresse bewachsen lässt!

So kannst du dein Butterbrot zubereiten:

Einfaches Kressebrot

Vermische zwei Esslöffel Magerquark mit etwas Kresse. Würze den Quark mit Salz und Pfeffer und streiche ihn auf eine Scheibe Brot oder Knäckebrot.

Gurken-Kressebrot

Schäle ein Stück Salatgurke und schneide es in kleine Würfel. Mische die Gurkenstückchen in etwa 2 EL körnigen Frischkäse. Gib dann etwas Kresse in die Masse und würze sie mit Salz und Pfeffer. Streiche das Ganze auf eine Scheibe Vollkornbrot

Das Auge isst mit! Dekoriere deine Kressebrote mit essbaren Blüten! Welche Blüten du essen kannst, steht auf Seite 57.

WENN ICH GROß BIN, WERDE ICH...

Aus welchem Samen wird welche Pflanze oder Frucht? Wenn du die dazugehörigen Buchstaben unten einträgst, ergibt sich ein Lösungswort.

Kennst du noch mehr Pflanzen und ihre Samen?

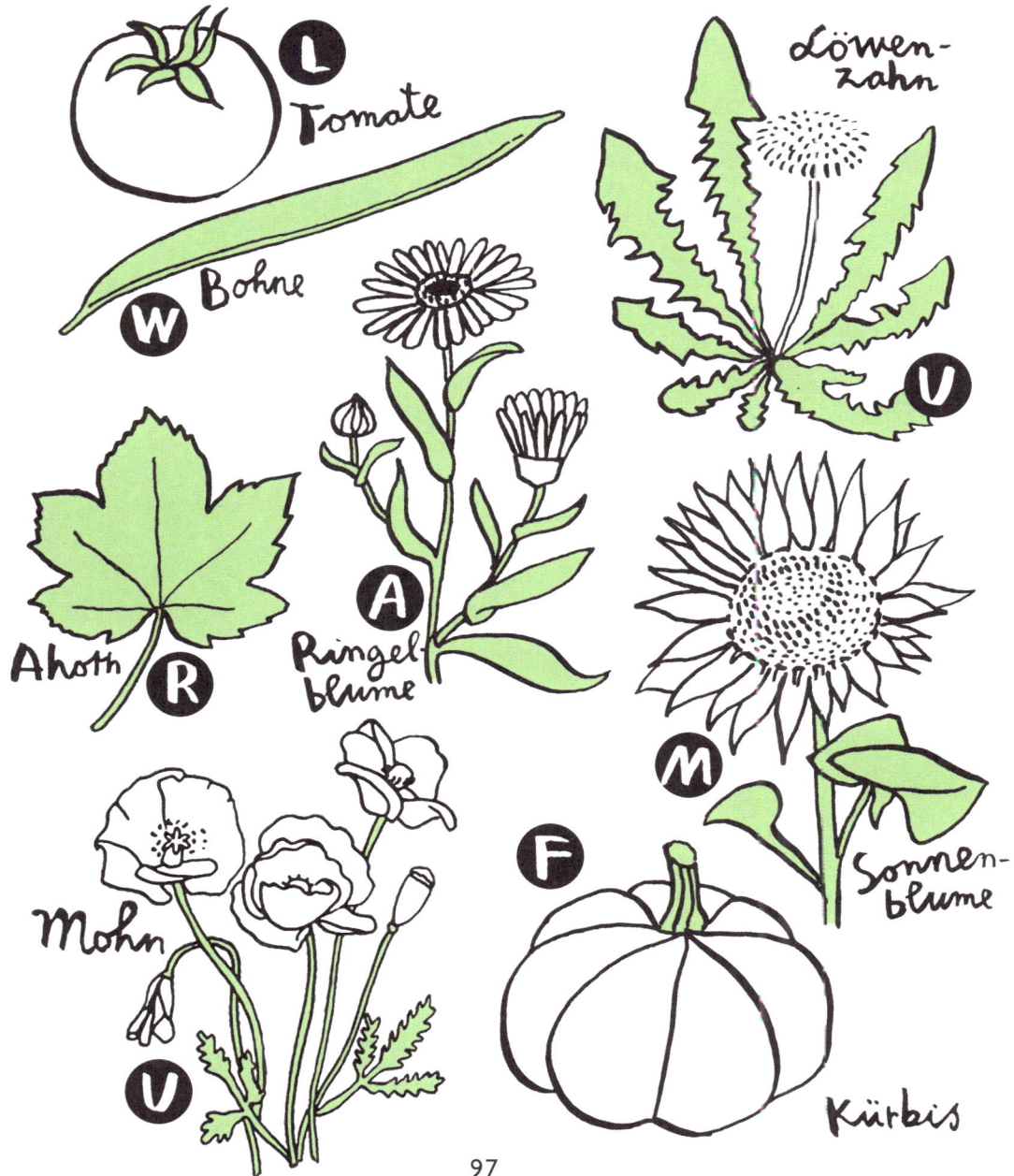

Tomate **L**

Bohne **W**

Löwen-zahn **V**

Ahoth **R**

Ringel-blume **A**

Sonnen-blume **M**

Mohn **V**

Kürbis **F**

97

Nicht vergessen: SAMEN SAMMELN

Von vielen Pflanzen kannst du ganz leicht Samen sammeln (z. B. Ringelblumen, Sonnenblumen, Mohn) und daraus neue Pflanzen wachsen lassen. Da die Samen meistens im Sommer oder Herbst gesammelt, aber erst im Frühjahr ausgesät werden, musst du sie gut aufbewahren und beschriften. Am besten lagerst du sie an einem kühlen und trockenen Ort. Plastiktütchen sind schlecht für die Aufbewahrung, denn darin können die Samen zu schimmeln beginnen. Besser sind z. B. luftdurchlässige Butterbrottüten aus Papier. Du kannst Samentütchen aber auch ganz

einfach selber basteln. Dazu brauchst du nur quadratisches Papier, sonst nichts.

SALATMIX
(2017)

calendula
(RINGELBLUME)
2017

Ein 10 x 10 cm großes Papier ergibt ein Tütchen in dieser Größe.

Tipp: Gefüllte Samentütchen sind schön zum Tauschen und Verschenken!

1. Falte das Quadrat zum Dreieck.

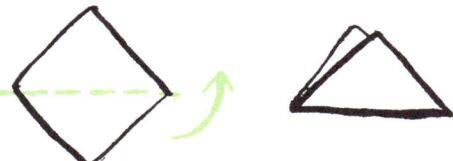

2. Falte die linke Ecke nach rechts und die rechte Ecke nach links. Stecke die rechte Ecke in die Lasche der linken Ecke.

3. Fülle den Samen oben ins „Papierdach" ein und schüttele diesen vorsichtig nach unten.

4. Knicke die untere Hälfte des „Hauses" nach oben.

5. Stecke das "Dach" in den „Boden" des Hauses.

SALATMIX
(2017)

Name der Pflanze
+
DATUM

Die Samen des Ahornbaumes fliegen wie ein Propeller durch die Luft.
Bestimmt hast du sie dir schon einmal als Horn auf die Nase geklebt.
Du kannst sie jedoch auch sammeln, aufkleben und weiterzeichnen.

Wer gehört zu wem?

Kannst du die Blätter der Bäume und ihre Früchte/Samen richtig zuordnen?

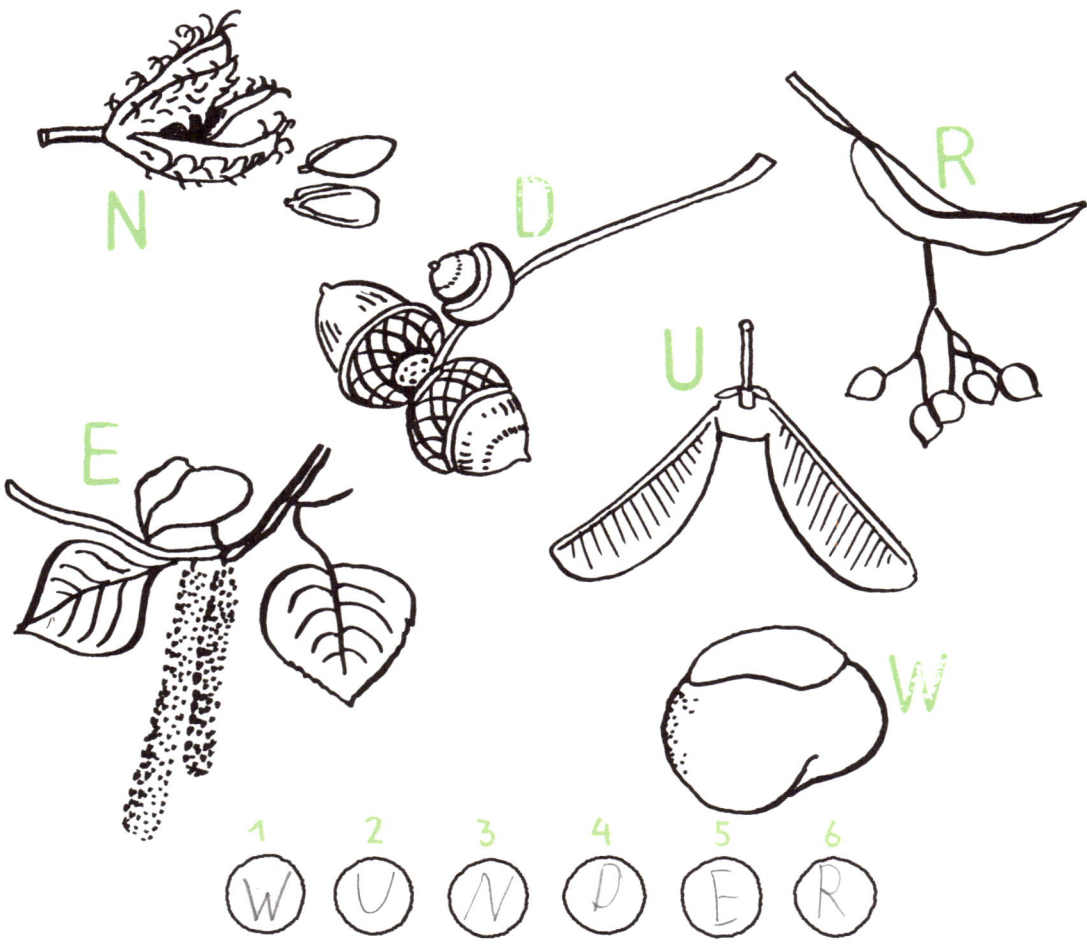

KASTANIE **1**

BIRKE **5**

EICHE

AHORN **2**

LINDE

4

BUCHE **3**

6

Die Bäume um mich herum

Was für Bäume siehst du, wenn du aus dem Fenster schaust?

An welchen Baumarten kommst du auf deinem Schulweg vorbei?

Welchen Baum gibt es in deiner Straße am häufigsten?

So sieht mein Lieblingsbaum aus:

Pflanz dich* glücklich

**Eine Blumenampel knoten
und verschenken**

Der Hauswurz gehört zu den
Sukkulenten. Er bildet normalerweise
viele kleine Ableger, die du verschenken
kannst – z. B. in einem selbst gemachten
Hängetopf. Natürlich kannst du auch
ein anderes kleines Gewächs in den
Topf pflanzen!

Du brauchst dazu:
- 1 kleinen Blumentopf oder
- 1 ausgespültes Marmeladenglas
- 1 Pflanzenableger
- Blumenerde
- Schnur
- Klebeband
- Schere

*und andere!

1. Schneide 8 Stücke von der Schnur ab, die jeweils 80 cm lang sind.

2. Knote alle Schnüre an einem Ende zusammen.

3. Drehe den Topf oder das leere Glas auf den Kopf und lege die verknoteten Schnüre wie auf dem Bild darüber. Fixiere sie dort mit dem Klebeband.
4. Mache in jedes Schnurpaar einen Knoten.

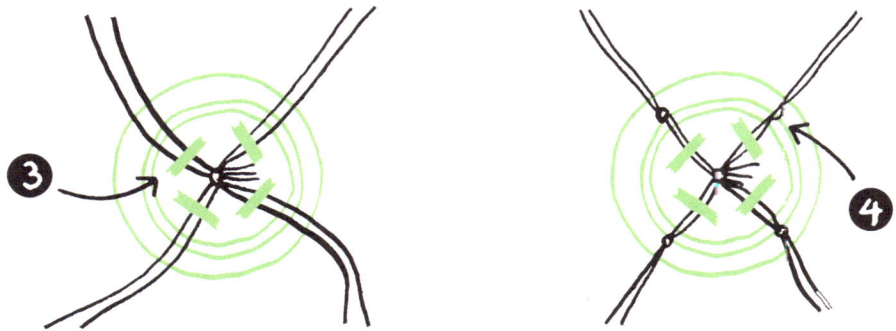

5. Teile die Schnurpaare und verknote jede Schnur mit ihrer „Nachbarschnur". Alle 4 Knoten sollten etwa auf gleicher Höhe sein.
6. Wiederhole Schritt 5.

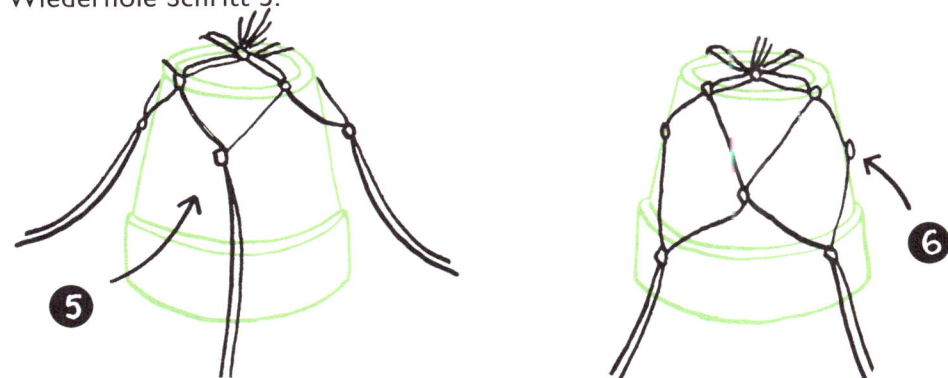

7. Drehe das Glas und die Schnüre um und verknote alle Schnurenden gut. An diesem Knoten kannst du deine Blumenampel später aufhängen.
8. Fülle Blumenerde in das Glas und stecke einen der Ableger hinein.

Mein kleiner grüner Kaktus ...

Falls mal gar nichts wächst:
STEINKAKTEEN basteln.

Du brauchst dafür:
- glatte, ovale Steine in verschiedenen Größen
- grüne und weiße Farbe, falls vorhanden auch Gelb, Blau und Schwarz
- einen dicken und einen dünnen Pinsel
- einen Blumentopf
- Erde oder Sand

1. Male die Steine grün an und lass sie gut trocknen. Besonders echt sehen deine Kakteen aus, wenn du die Grüntöne leicht variierst, indem du ein bisschen Gelb, Blau oder Schwarz dazumischst.

2. Verziere die getrockneten Steine mit weißen Pünktchen (Kaktus-Stacheln).

3. Fülle den Blumentopf bis zum Rand mit Erde oder Sand. Platziere die bemalten Kakteen-Steinchen obendrauf.

Pieks!

KARTOFFEL-KAKTEEN

Du brauchst:
- Kartoffeln
- kleines Messer
- Deckfarbe
- Pinsel
- Papier

Halbiere zwei kleine Kartoffeln der Länge nach und schnitze mit dem Messer dünne Linien oder kleine Punkte hinein. Schnitze aus einer anderen kleinen Kartoffel einen Blütenstempel. Benutze die Hälfte einer großen Kartoffel als Stempel für einen Blumentopf.

Bepinsele die Kartoffelhälften dünn mit Farbe und drucke sie in
verschiedenen Kombinationen auf das Papier.

Besonders schön sieht
es aus, wenn du die Grüntöne
der Kakteen durch Beimischung von
Blau und Gelb leicht variierst und
die Blüten in verschiedenen
Gelb- oder Rot- und
Rosatönen druckst.

Mit den Kakteenstempeln kannst du Post- oder Klappkarten,
Briefpapier und -umschläge oder Tischkärtchen bedrucken.

WILLKOMMEN im Vogelcafé!

Du brauchst:
- ein TetraPak (von 1l Milch oder Saft)
- farbige Deckel von Plastikflaschen o. Ä.
- Bleistift
- Cutter und kleine spitze Schere
- Pinsel und Acrylfarbe
- Kleber
- ein Stöckchen, ca. 15–20 cm lang
- Schnur zum Aufhängen
- Vogelfutter-Körnermischung

1. Spüle den TetraPak gut aus.

2. Male ihn mit der Acrylfarbe an und lasse die Farbe gut trocknen.

3. Zeichne mit einem Bleistift Flügel und Bauch der Eule auf.

4. Schneide diese Linien vorsichtig mit dem Cutter nach.

5. Klebe die Deckel als Augen auf und male den Schnabel und die Pupillen auf.

6. Bohre mit der Schere ein Loch unterhalb des Bauches in die Vorderwand und ein weiteres auf gleicher Höhe in der Rückwand.
Stecke das Stöckchen durch

Aufhänger

Futter

Sitzplatz

7. Stich mit der Schere ein oder zwei Löcher für die Schnur in die Tüte.

8. Befülle die Futtereule mit Körnerfutter für Vögel und hänge sie draußen auf, am besten an einem Platz, den du vom Fenster aus sehen kannst.

Wintergäste

Welche Vögel überwintern bei dir im Garten oder in der Umgebung?

....

....

Und welche von ihnen besuchen deine Futtereule?

....

....

BLAUMEISE

ELSTER

KOHLMEISE

KLEIBER

ROTKEHLCHEN

AMSEL

Male die Vögel mit Buntstiften in den richtigen Farben an.

Ein HERBARIUM anlegen

Ein Herbarium ist eine Sammlung von getrockneten Pflanzen. In solch einem „Pflanzen-Freundebuch" kannst du außerdem die Früchte und Samen der Pflanzen aufzeichnen und weitere Informationen über sie aufschreiben.

Auf den nächsten Seiten kannst du deine ersten gesammelten und getrockneten Pflanzen einkleben. Wenn du mehr sammeln möchtest, legst du dir am besten ein eigenes Herbarium an. Dazu brauchst du nur ein leeres Heft, das du nach deinem Geschmack gestalten kannst.

Und so geht's:

Den Umschlag mit schönem Papier einbinden

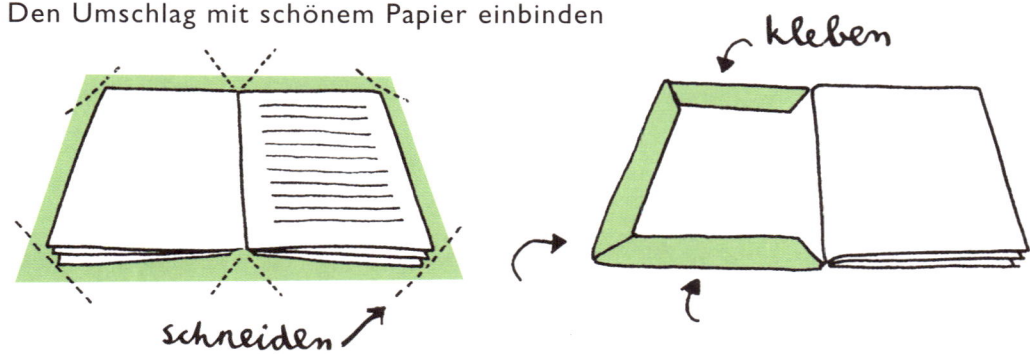

kleben

schneiden

oder mit einem Muster bestempeln.
Anschließend ein selbst gestaltetes Etikett aufkleben.

MEIN PFLANZEN FREUNDEBUCH

aufkleben

mein Herbarium

Blumenbuch

mein PFLANZENBUCH

stempeln

Ich heiße: ...Gänseblümchen.........* ....

aber man nennt mich auch: ..Bellis perennis..............

Ich gehöre zur Familie der: ...Korbblütler................

Gefunden wurde ich hier: ...im Garten.................

am: ...18.10.....................

Ich blühe: **vom Frühling bis zum Winter.**

Die Blüten gehen abends zu.

Besonderheiten über mich:

Gänseblümchen sind das ♡-Essen von Gänsen, die früher auf fast jeder Wiese geweidet wurden. Daher haben Gänseblümchen ihren Namen.

mmh, lecker!

Wie du die Pflanzen trocknest, steht auf Seite 78.

Du kannst die
Pflanzen auch
zeichnen!

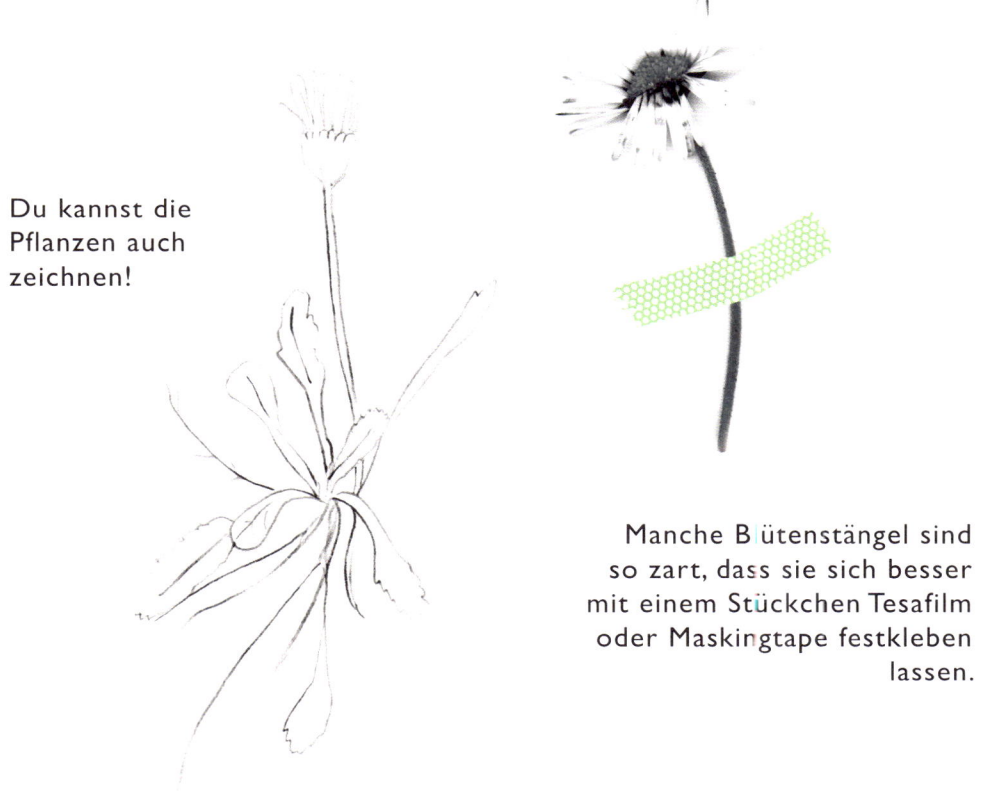

Manche Blütenstängel sind
so zart, dass sie sich besser
mit einem Stückchen Tesafilm
oder Maskingtape festkleben
lassen.

* Wenn du die Pflanzen nicht kennst, kannst du in einem
Bestimmungsbuch nachschauen.

Ich heiße: . . . .

aber man nennt mich auch: . . . .

Ich gehöre zur Familie der: . . . .

Gefunden wurde ich hier: . . . .

am: . . . .

Ich blühe:

Besonderheiten über mich:

Ich heiße: . . . .

aber man nennt mich auch: . . . .

Ich gehöre zur Familie der: . . . .

Gefunden wurde ich hier: . . . .

am: . . . .

Ich blühe:

Besonderheiten über mich:

Silke Schmidt, geboren 1973 im Siegerland, studierte zuerst Literaturwissenschaft in Mainz und Edinburgh, danach Bildende Kunst an der Universität der Künste in Berlin. Seit ihrem Meisterschülerabschluss arbeitet sie als Künstlerin und als Illustratorin für verschiedene Zeitschriften, Verlage und Organisationen. Inzwischen lebt Silke Schmidt mit ihrem Mann, ihren beiden Töchtern und einer stetig wachsenden Anzahl von Tieren in der Uckermark nördlich von Berlin.

**Ausführliche Informationen über
unsere Autoren und Bücher
www.dtv.de**

Von Silke Schmidt sind bei dtv junior außerdem lieferbar:
Ferien zum Selbermachen – Mein Mitmach-Tagebuch
Weihnachten zum Selbermachen – Mein Mitmach-Tagebuch für den Winter
Lass uns was zusammen machen – 37 Ideen für beste Freundinnen

MIX
Papier aus verantwor-
tungsvollen Quellen
FSC® C019821

Originalausgabe
© 2018 dtv Verlagsgesellschaft mbH & Co. KG, München
Umschlagbild und -gestaltung: Silke Schmidt
Gesetzt aus der Gill Sans MT 11/13`
Gesamtherstellung: Druckerei C.H.Beck, Nördlingen
Gedruckt auf säurefreiem, chlorfrei gebleichtem Papier
Printed in Germany · ISBN 978-3-423-71773-1